Anselm Grün

# *Das kleine Buch der Tugenden*

Der Glaube, die Hoffnung
und die Liebe

Anselm Grün

# *Das kleine Buch der Tugenden*

Der Glaube, die Hoffnung und die Liebe

PATTLOCH

Bibliografische Information: Deutsche Nationalbibliothek
Die Deutsche Nationalbibliothek verzeichnet diese
Publikation in der Deutschen Nationalbibliografie;
detaillierte bibliografische Daten sind im Internet
über http://dnb.ddb.de abrufbar.


Umschlaggestaltung: ZERO Werbeagentur, München
Lektorat: Hans-Peter Lembeck
Satz und Gestaltung: Hartmut Czauderna
Druck und Bindung: GGP Media GmbH, Pößneck
Printed in Germany

ISBN 978-3-629-02152-6

www.pattloch.de

2 4 5 3

# *Inhalt*



## *Glaube*



## *Hoffnung*

## *Liebe*

# Vorwort

Die Sehnsucht nach Glück bewegt heute viele Menschen. Sie sehnen sich danach, dass ihr Leben gelingt. Zahlreiche Bücher behandeln die besten Wege zum Glück. Dabei wird Glück oft sehr oberflächlich verstanden als etwas, was man machen oder kaufen kann. Glück meint jedoch etwas anderes: dass man im Einklang mit sich selbst ist, dass das Leben gelingt, dass man ganz der wird, der man vom Wesen her ist, in Übereinstimmung mit dem innersten Wesen. Die klassischen Wege zum Glück sind die Tugenden. Wenn ich über Glaube, Hoffnung und Liebe schreibe, dann geht es auch hier um den Weg zum wahren Menschsein. Daher möchte ich weniger inhaltlich und rein theologisch über den Glauben sprechen und über das, was ich glauben soll, oder über die Hoffnung und das, worauf ich hoffe, und auch nicht so sehr über das Gebot Jesu, dass wir lieben sollen. Ich möchte vielmehr diese drei Haltungen als Weg zum gelingenden Leben beschreiben. Dabei greife ich natürlich auf die biblischen Bilder für diese drei Haltungen zurück. Aber ich versuche, sie immer so in das Leben hinein zu übersetzen, dass sie uns helfen, wirklich und erfüllt zu leben.

Die Trias »Glaube, Hoffnung und Liebe« geht auf die berühmte Stelle im Hohen Lied der Liebe zurück, das uns Paulus im 1. Korintherbrief besingt. Er schließt seinen Lobgesang der Liebe mit den Worten: »Für jetzt bleiben Glaube, Hoffnung, Liebe, diese drei; doch am größten unter ihnen ist die Liebe« *(1 Kor 13,13)*. Paulus hat die Verbindung dieser drei Haltungen nicht erfunden. Vermutlich fand er sie in der hellenistischen Gemeinde vor. Schon in seinem ersten Brief hat er diese Tugenden miteinander verbunden und gebraucht sie seither in vielen Formulierungen. So schreibt er in *1 Thess 1,3*: »Unablässig erinnern wir uns vor Gott, unserem Vater, an das Werk eures Glaubens, an die Opferbereitschaft eurer Liebe und an die Standhaftigkeit eurer Hoffnung.« Offensichtlich kann Paulus die Haltung des Christen am besten durch diese drei Tugenden beschreiben.

Die frühe Kirche hat diese drei Tugenden übernommen und sie mit den vier Kardinaltugenden verglichen, die die griechische Philosophie seit Platon verkündet hat: »Gerechtigkeit, Tapferkeit, Maß und Klugheit«. Die mittelalterliche Theologie nennt die drei Tugenden dann göttliche Tugenden, um zu bekennen, dass sie nicht allein dem menschlichen Willen, sondern der Gnade Gottes entspringen. Schon der Begriff ist eigenartig: »göttliche Tugend«. Er verbindet eine menschliche Haltung mit einer göttlichen Gabe. In dem Begriff ist schon ein Miteinander von Gott und Mensch enthalten.

Das deutsche Wort »Tugend« kommt von taugen. Die Tugend ist die Bedingung, dass das Leben gelingt. Die Griechen sprechen von »arete« und meinen damit eine Fertigkeit und Kraft. Die Lateiner übersetzen es mit »virtus«. Darin steckt einmal die Kraft, zum andern der Mann. Es ist eine männliche oder mannhafte Kraft. Griechen und Römer denken daher in erster Linie an den Sportler und Soldaten. Von ihm her übernehmen sie diese Haltungen auch für den Philosophen. Der Philosoph übt sich in der Tugend, damit sein Leben gelingt, damit es seinem wahren Wesen entspricht.

Josef Pieper, der katholische Philosoph, der die Philosophie des heiligen Thomas von Aquin in unsere Zeit übersetzt hat, stellt die Tugendlehre der Gebotelehre oder Pflichtenlehre gegenüber. Bei den Geboten geht es um von außen gegebene Forderungen Gottes an den Menschen. Wenn wir von Pflichten sprechen, dann geht es um das, was wir eigentlich tun sollten. Es ist eine Sollenslehre. Bei den Tugenden geht es aber darum, das Sein des Menschen zu beschreiben. Denn die Tugenden sind Haltungen, die dem Menschen innewohnen. Er soll sie pflegen und entfalten. Aber sie sind in ihm angelegt. Pieper definiert die Tugend als »die Haltung, kraft deren der Mensch geneigt ist, das

Gute zu tun«. Die Tugend – so sagt Thomas von Aquin – ist ein »habitus«. Gemeint ist damit eine besondere Weise des »Sich-selber-Habens«. Der Mensch besitzt die Tugend. Sie ist in ihm. Sie zeigt ihm, wer er eigentlich ist und was in ihm für Möglichkeiten stecken. Für Thomas von Aquin ist die Tugend die Kraft im Menschen, die ihn dazu antreibt, seinem Wesen gemäß zu leben und das zu verwirklichen, was in ihm angelegt ist.

Wenn Thomas nun bei der paulinischen Trias von Glaube, Hoffnung und Liebe von göttlichen Tugenden spricht, dann meint er, dass diese Tugenden im Menschen angelegt sind. Sie sind ihm in der Schöpfung schon mitgegeben, damit er durch sie das verwirklicht, was Gott ihm zugedacht hat. Aber zugleich werden diese Tugenden dem Menschen, der sich auf Gott hin ausrichtet, von Gott her aus Gnade geschenkt. Sie sind göttliche Tugenden, weil in ihnen der Heilige Geist im Menschen wirkt. In den Tugenden erfährt der Mensch also auf der einen Seite das, was in ihm ist, auf der anderen Seite das, was ihm immer wieder neu von Gott geschenkt wird, auf das er angewiesen ist, dass Gott es ihm schenkt und dass Gott darin in ihm wirkt. Glaube, Hoffnung und Liebe sind also im Menschen angelegt von seiner Natur her. Aber zugleich wirkt in diesen drei Haltungen Gott an und im Menschen. Gott erzeigt in diesen drei Tugenden den Menschen sein Wohlwollen, seine Liebe. Er sorgt aus Gnade für die Menschen, damit ihr Leben gelingt. Im Glauben, in der Hoffnung und in der Liebe fließt das göttliche Leben in den Menschen ein, da wird der Mensch ganz und gar von Jesus Christus erfasst, durchdrungen und verwandelt. Diese drei Tugenden beziehen sich nicht nur auf das reine Menschsein, sondern auch auf unsere Beziehung zu Gott. Wir werden erst ganz Mensch, ganz zu dem Bild, das Gott uns zugedacht hat, wenn wir das göttliche Leben und die göttliche Liebe in uns einlassen, wenn wir – um mit den griechischen Kirchenvätern zu sprechen – vergöttlicht werden.

In diesem Spannungsbogen müssen wir die drei göttlichen Tugenden sehen. Der Glaube zeigt eine Grundbefindlichkeit des Menschen. Jeder Mensch glaubt etwas. Er glaubt andern, die ihm etwas erzählen. Und er glaubt in dem Sinn, dass er sich getragen weiß von einer größeren Wirklichkeit. Und doch ist der Glaube an Gott als den eigentlichen Grund unseres Lebens ein Geschenk Gottes. Wenn wir mitten im Dunkel dieser Welt an Gottes Liebe glauben, dann ist das nicht selbstverständlich. Dann erfahren wir das als Gnade. Und trotzdem dürfen wir die Gnade nicht so verstehen, wie manche, die sagen: »Nun, wenn Glaube Gnade ist, dann habe ich die Gnade eben nicht.

Da kann man halt nichts machen.« Wir können den Glauben nicht machen. Aber wir können uns trotzdem nach ihm ausstrecken. Und wir können in Berührung kommen mit den Bedingungen des Glaubens, die in unserer menschlichen Seele verankert sind. Wir können es einfach probieren, auf Gott zu setzen, ihm zu vertrauen. Wir können gleichsam mit dem Glauben ein Experiment machen. Wir leben einfach einmal so, als ob die Worte der Bibel stimmen. Glaube ist dann einfach eine Offenheit für etwas, was wir nicht mit unseren Händen fassen und besitzen können. In dieser Offenheit kann der Glaube wachsen. Und wir können Gott bitten, dass er unseren Glauben stärke.

Der Glaube bezieht sich jedoch nie nur auf Gott, sondern auch auf den Menschen. Es geht darum, Gott zu trauen und auf ihn unser Leben zu setzen. Aber es geht auch darum, an den Menschen zu glauben. Indem wir an den Menschen glauben, wecken wir das Gute, das Gott in ihn hineingelegt hat, zum Leben. Unser Glaube an den andern ermöglicht es ihm, an sich selbst zu glauben, anstatt sich aufzugeben. So ist der Glaube der Grund, auf dem unser Leben beruht und auf dem ein gutes Miteinander mit den Menschen erst möglich wird.

Hoffnung ist auch beides: eine menschliche Haltung und ein Geschenk Gottes. Und Hoffen bezieht sich auf den Menschen und auf Gott. Wenn ich Hoffnung in mir habe, gebe ich mich selbst nicht auf. Ich hoffe, dass ich mich entwickeln und entfalten kann, dass ich immer mehr in die Gestalt hineinwachse, die Gott mir mitgegeben hat. Und ich hoffe für andere Menschen. Ich gebe den andern nicht auf, wenn es ihm gerade nicht gut geht, wenn er durchhängt. Ich bleibe bei ihm. Ich hoffe, dass er wieder mit seiner Kraft in Berührung kommt und die Krise überwindet. Und ich hoffe auf Gott und auf all das, was er mir verheißen hat, auf die wunderbaren Verheißungen, die mir in der Bibel verkündet werden. Es gibt Menschen, bei denen die Hoffnung von ihrer psychischen Struktur her und von ihrer Erziehung her stärker ausgeprägt ist. Und es gibt Menschen, die sich schwer tun mit der Hoffnung. Da ist es wichtig, um die Hoffnung auch zu beten, sie als Geschenk von Gott her anzunehmen. Sie ist aber nicht ein Geschenk, das einem gegeben wird, der noch gar keine Hoffnung hat. Vielmehr stärkt die Gnade Gottes die Hoffnung, die in meiner Seele angelegt ist.

Die gleiche Spannung nehmen wir bei der Liebe wahr. Jeder Mensch hat Liebe erfahren. Auch wenn die Liebe, die die Eltern ihm geben konnten, nicht genug war für ihn, ohne jede Liebe ist niemand in die Welt gekommen und aufgewachsen. Und selbst wenn er in seinem Umfeld wenig Liebe spüren konnte, so spürt er sie doch in seinem Herzen. Er weiß im Tiefsten, was Liebe ist. In jedem Menschen ist zumindest die Sehnsucht nach Liebe. Und zugleich erfahren wir unsere Liebe als begrenzt. Die Liebe ist die Tugend, die uns mit unserem Menschsein gegeben ist. Aber zugleich ist sie ein Gnadengeschenk Gottes. Paulus beschreibt sie als eine Gabe, die Gott uns Menschen gibt und die unser Leben verwandelt. Wer diese Liebe in sich hat, die von Gott stammt und daher unbegrenzt und unerschöpflich ist, dessen Leben bekommt einen neuen Geschmack, den Geschmack der Liebe.

Warum hat Paulus diese drei Haltungen immer wieder miteinander verbunden? Was ist der innere Zusammenhang dieser Tugenden? Die deutsche Sprache hat schon von den Worten her einen inneren Zusammenhang gesehen, wenn sie für glauben und lieben die gleiche Wurzel »liob = gut« sieht. Glauben heißt das Gute sehen, und lieben, den, den ich als gut ansehe, auch gut zu behandeln. Paulus stellt die Beziehung von Glaube und Hoffnung her. Beides zielt letztlich auf etwas, was wir nicht sehen. Der Glaube vertraut dem Gott, der das Tote lebendig macht. Gegenüber dem Erfüllen der Gebote, das in

*Ich glaube es, weil ich es hoffe.* LÉON BLUM

die Augen fällt, vertraut der Glaube der bedingungslosen Liebe Gottes. Für den Glaubenden ist sie sichtbar geworden in Jesu Tod am Kreuz. Wer aber die Augen verschließt, für den bleibt diese Liebe unsichtbar. Der Glaube öffnet uns für die Liebe Gottes. Und der Glaube ist voller Hoffnung, dass Gottes Liebe uns immer mehr bestimmen wird.

Der Hebräerbrief verbindet in seiner Definition des Glaubens die beiden Haltungen von Glaube und Hoffnung: »Glaube aber ist: Feststehen in dem, was man erhofft, Überzeugtsein von Dingen, die man nicht sieht« *(Hebr 11,1)*. Das ist eine interessante Verbindung von Glaube und Hoffnung. Der Glaube hat mit Stehen zu tun. Aber wir stehen nicht auf dem Boden der Wirklichkeit. Wir stehen fest in dem, was wir erhoffen, also in einem Zukünftigen, das aber jetzt schon unter uns ist und uns auf dieser Erde einen anderen, einen göttlichen Stand verleiht. Das Überzeugtsein von Dingen, die man nicht sieht, meint letztlich die Liebe. Die Liebe spüren wir. Aber wir können sie nicht sehen. Wir können zwar die Liebe eines Menschen in seinen Augen sehen. Aber es ist nur der Widerschein der Liebe in den Augen. Die Liebe selbst bleibt unsichtbar. So ist der Glaube letztlich ein Überzeugtsein von der Liebe Gottes, die wir nicht direkt sehen können, die uns aber in Jesus Christus sichtbar geworden ist und die uns auch sichtbar begegnet im liebenden Blick eines Menschen oder auch in der Schöpfung, die voll ist von Gottes Liebe.

Wenn ich über Glaube, Hoffnung und Liebe schreibe, dann nicht in dem Sinn: »Du sollst glauben, du sollst hoffen, du sollst lieben.« Das wäre die typische Pflichtenlehre. Tugendlehre meint etwas anderes: Der Glaube ist schon in dir als eine Möglichkeit, die mit deinem Menschsein gegeben ist. Die Hoffnung ist in dir angelegt. Sie zeigt dir, wozu du fähig bist. Und die Liebe ist deine innerste Wirklichkeit. Es tut dir gut, mit der Liebe, die schon in dir ist, in Berührung zu kommen, damit sie dich noch mehr prägt. Die Gedanken über die drei Tugenden wollen uns mit dem in Kontakt bringen, was schon in uns ist. Die Quelle des Lebens ist schon in uns. Aber manchmal brauchen wir einen Anstoß von außen, damit die Quelle wieder lebendiger in uns strömt und alle Bereiche unseres Leibes und unserer Seele durchfließt.

Die Kirchenväter haben diese Spannung zwischen Sein und Entfalten des inneren Potentials in dem Wort aus dem Schöpfungsbericht der Bibel herausgelesen: »Gott schuf also den Menschen als sein Abbild; als Abbild Gottes schuf er ihn. Als Mann und Frau schuf er sie« *(Gen 1,27)*. Die griechischen Kirchenväter übersetzen die beiden hebräischen Worte »selem« und »demut«, die die

Einheitsübersetzung gleicherweise mit »Abbild« wiedergibt, mit »kat' eikona« (nach seinem Bild) und »kat' homoiosin« (zu seinem Gleichnis, nach seiner Ähnlichkeit). Zu Beginn ist der Mensch als Bild Gottes geschaffen. Doch seine Aufgabe besteht darin, Gott immer ähnlicher zu werden. Das wahre Abbild Gottes war für die Kirchenväter Jesus Christus. Der Christ soll Christus immer ähnlicher werden und dadurch hineinwachsen in die Gestalt, die Gott ihm zugedacht hat. Indem wir Christus ähnlicher werden, werden wir mehr und mehr zu dem Bild Gottes. Und Gottes Bild, das wir durch die Sünde verdunkelt haben, wird in seinem ursprünglichen Glanz in uns wiederhergestellt.

So geht es in den drei göttlichen Tugenden Glaube, Hoffnung und Liebe darum, dass wir das ursprüngliche Bild Gottes in uns wieder in seinem wahren Glanz erstrahlen lassen und dass wir zugleich immer mehr hineinwachsen in die Gestalt Jesu Christi, der auf eine die ursprüngliche Schöpfung überbietende Weise das Bild Gottes in dieser Welt dargestellt hat. In Christus ist die Vollendung des göttlichen Bildes im Menschen aufgeleuchtet. Durch Glaube, Hoffnung und Liebe, die in uns angelegt sind und zugleich durch die Gnade Gottes in uns gestärkt werden, wachsen wir immer mehr zu dem ganzen und vollständigen Menschen, wie er uns in Jesus Christus begegnet. Da werden wir wahrhaft ganz und heil, da werden wir authentisch. Da erfahren wir, was Menschsein bedeutet. Da gelingt unser Leben und wahres Glück wird möglich.

So wünsche ich den Lesern und Leserinnen, dass die Gedanken über Glaube, Hoffnung und Liebe sie in Berührung bringen mit dem Potential, das in der eigenen Seele bereitliegt. Ich möchte mit meinen Gedanken in niemandem ein schlechtes Gewissen erzeugen, nach dem Motto: »Eigentlich müsste ich mehr glauben und stärker hoffen und intensiver lieben.« Ich möchte im Leser und in der Leserin vielmehr das Gefühl wecken: Ich bin dankbar für die Möglichkeiten des Menschseins, die Gott mir geschenkt hat, für die Tugenden von Glaube, Hoffnung und Liebe, die ich in mir spüre. Und ich möchte Lust vermitteln, diese Tugenden zu üben. Das Wesen der Tugend besteht nach Josef Pieper darin, das Gute mit Freude zu tun. So sollen die Gedanken dieses Buches in Ihnen Freude hervorrufen, das Leben zu leben, das Gott Ihnen zugedacht hat. Und wenn es nicht so gelingt, wie Sie es sich vorstellen, wenn die Tugenden Ihnen abhanden kommen, dann dürfen Sie Gott um die Gnade bitten mit den Worten, mit denen wir es beim Rosenkranz tun, in Ihnen den Glauben zu vermehren, die Hoffnung zu stärken und die Liebe zu entzünden.

# Glaube

# *Sich in der Welt willkommen fühlen*

In der Umgangssprache gebrauchen wir das Wort Glauben häufig im Sinne von: »Ich glaube dir. Ich glaube, was du sagst. Ich vertraue darauf, dass du mir die Wahrheit sagst.« Glaube ist also durchaus eine Grundhaltung des menschlichen Lebens. Wenn wir einander nicht glauben würden, wäre das Miteinander sehr schwierig. Es würde nur Misstrauen herrschen.

Zum Glauben gehört das Vertrauen. Der Psychologe Erik Erikson spricht vom Urvertrauen, das ein Kind vor allem durch die Begegnung mit der Mutter von Anfang an mitbekommt. Wer dieses Urvertrauen entwickelt, der fühlt sich in der Welt willkommen. Er hat das Gefühl, dass es gut ist, zu leben und in dieser Welt zu sein. Die Welt, so wie sie ist, ist gut. Wem an diesem Urvertrauen mangelt, der geht mit einem Grundmisstrauen in die Welt. Er traut den Menschen nicht, den Umständen nicht, der Zukunft nicht. Er lebt in Angst, dass alles schiefgehen könnte. Das Urvertrauen ist die Grundbedingung dafür, dass menschliches Leben gelingt.

Im eigentlichen Sinn hat Glauben immer etwas mit Gott zu tun. Wir benutzen das Wort Glauben oft im religiösen Sinne.

Der Glaubende ist der, der an Gott glaubt. Er setzt mitten in dieser Welt auf etwas, das diese Welt übersteigt. Er lebt nicht religionslos und atheistisch, sondern er hat seinen Grund in Gott, den er nicht sehen kann. Glauben wird hier in Gegensatz gesetzt zu: sehen, wahrnehmen, greifen. Und oft genug wird der Glaube gegen die Vernunft ausgespielt. Der Glaube übersteigt die Vernunft. Dort, wo wir mit unserem Erkennen an ein Ende kommen, bleibt nur der Glaube. Mein Namenspatron, der hl. Anselm von Canterbury, spricht vom Glauben, der nach Einsicht sucht, von *fides quaerens intellectum*. Der Glaube ist also kein Gegensatz zur Erkenntnis. Im Gegenteil, für Anselm befähigt der Glaube den Verstand, zu einer tieferen Einsicht zu kommen. Und für Anselm gibt es keinen Gegensatz. Was ich glaube, das darf ich auch mit meinem Verstand prüfen. Ich brauche also im Glauben nicht einfach Sätze zu übernehmen, die mir die Kirche vorsetzt. Vielmehr darf ich mit dem hl. Anselm bei jedem Dogma auch fragen: »Was heißt es wirklich? Wie kann ich das verstehen?« Ich selber habe keine Probleme mit ir-

***Der Glaube übersteigt die Vernunft; er ist ihr nicht entgegengesetzt.***
*MAHATMA GANDHI*

gendeinem Dogma der katholischen Kirche. Aber wenn ich darüber nachdenke, frage ich mich immer: »Was ist damit gemeint? Welche Erfahrung steckt dahinter? Wie kann ich diese Sätze für mich so erklären, dass ich sie verstehe?« Der hl. Anselm befreit mich von dem Zwang, den ich manchmal in meiner Jugend gehört habe, man müsse halt blind glauben. Nein, ich brauche nicht blind zu glauben. Ich darf auch meinen Verstand einschalten und versuchen, das, was ich glaube, mit dem Verstand zu durchdringen. Allerdings ist für Anselm der Glaube die Grundlage, auf der dann der Verstand seine Arbeit leistet.

Ich möchte in diesem kleinen Buch keine Theologie des Glaubens entwickeln. Dazu gibt es lange Abhandlungen, etwa über den Glauben bei Paulus, den Glauben im Alten und im Neuen Testament, den Glauben in einer religionslosen Zeit usw. Ich beschränke mich darauf, ein paar Aspekte des Glaubens aufzuzeigen, die der wichtigsten Absicht meines Schreibens entsprechen: Lebenshilfe aus dem Glauben zu sein. Mein Onkel, P. Sturmius Grün, hat im Jahre 1950 ein Buch geschrieben mit dem Titel: »Glaube als Last und Erlösung«. Er hat darin versucht, Antworten auf die vielen Fragen zu geben, die ihm die Zuhörer seiner Vorträge gestellt haben. Unsere Zeit hat andere Fragen an den Glauben als damals nach dem Zweiten Weltkrieg.

Dennoch fühle ich mich in meinem Versuch, über den Glauben zu schreiben, meinem Onkel verpflichtet. Wie er möchte ich Antwort geben auf Glaubensfragen, die ich immer wieder höre und die mir selber bedeutsam geworden sind.

## *Glaube als Vertrauen*

Die Theologen sind sich darin einig, dass Glaube nicht in erster Linie ein Fürwahrhalten von Tatsachen ist, sondern ein Vertrauen Gott gegenüber. Sie sprechen vom Du-Glauben im Gegensatz zu einem bloßen Dass-Glauben. Glauben heißt, dass ich auf Gott vertraue. Das deutsche Wort »vertrauen« kommt von »treu« und meint: Festigkeit. Wer auf Gott vertraut, der hat einen festen Grund unter den Füßen. Das Vertrauen auf Gott ist zugleich eine Stütze, um Selbstvertrauen zu lernen und Vertrauen in andere Menschen zu entwickeln. Die Frage ist, wie ich dieses Vertrauen lernen kann. Bin ich da allein von den Erfahrungen meiner Kindheit abhängig? Wenn ich Urvertrauen gelernt habe, kann ich Gott und dem Nächsten und mir selbst vertrauen? Wenn nicht, dann ist es eben nicht möglich?

So einfach kann man es sicher nicht sagen. Natürlich hängt das Vertrauen auf Gott davon ab, ob ich als Kind das Urvertrauen mitbekommen habe. Es fällt mir leichter, auf Gott zu vertrauen, wenn in mir eine Grundstimmung ist, dass alles gut ist, wie es ist, dass Gott der Garant dieses Gutseins ist. Doch Glaube und Vertrauen sind für die Bibel immer auch Ausdruck der Gnade Gottes. Aber bin ich dieser Gnade Gottes ausgeliefert? Ist es so, dass ich sie entweder habe oder nicht? Vertrauen ist ein Geschenk Gottes an den Menschen. Aber trotzdem kann ich Vertrauen auch lernen.

Die frühen Mönche haben die Methode der sogenannten *ruminatio* (Wiederkäuen) entwickelt. Sie haben in das Misstrauen und in die Angst ein Vertrauenswort aus der Bibel hineingesprochen und es über längere Zeit wiederholt, etwa das Wort: »Der Herr ist mit mir; ich fürchte mich nicht. Was können Menschen mir antun?« *(Ps 118,6)*. Wenn ich dieses Wort in meine Angst hineinspreche, komme ich langsam mit dem Vertrauen in Berührung, das auch in mir ist. Keiner von uns hat nur Angst oder nur Vertrauen. Wir kennen beide Pole in uns. Durch die Meditation von Bibelworten kann ich das Vertrauen entdecken, das auf dem Grund meiner Seele schon in mir ist. Aber ich kann Vertrauen nicht erzwingen. Wenn ich mir vorsage: »Der Herr ist mein Hirt. Nichts wird mir fehlen« *(Ps 23,1)*, dann kann in mir das Vertrauen wachsen, dass Gott für mich sorgen wird, dass mir nichts, was wirklich notwendig ist, fehlen wird. Aber ich kann das Vertrauen durch solche Psalmverse nicht erzwingen.

Bei allen Versuchen, Vertrauen zu lernen, gibt es eben doch den Aspekt der Gnade. Manchmal dürfen wir einfach eine Erfahrung machen, dass Gott uns ganz nahe ist. Wenn ich in einem Gottesdienst oder in der stillen Meditation das Gefühl von Gottes heilender Nähe habe, dann ist in diesem Augenblick das Vertrauen in mir. Ich brauche dann nichts zu tun. Das Vertrauen ist einfach da. Meine einzige Aufgabe besteht darin, mich diesem Vertrauen zu überlassen. Solche Erfahrungen sind immer Gnadenerfahrungen. Ich kann sie nicht durch irgendeine Technik erzeugen. Ich darf sie nur dankbar wahrnehmen, wenn sie über mich kommen.

Auf Gott vertrauen heißt aber nicht, naiv zu vertrauen, dass mir kein Unglück geschehen kann, dass ich nie einen Unfall erleiden werde oder dass in meinem Beruf nichts schiefgeht. Das Vertrauen auf Gott ist nicht Leichtfertigkeit oder Naivität. Es kann sein, dass ich krank werde, oder dass sich der Ehepartner anders entwickelt oder eine Entscheidung zu Belastungen führt. Vertrauen heißt für mich: Meinem Kern kann nichts Negatives widerfahren. Ganz gleich, ob ich krank werde, einen Unfall erleide, im Beruf Pech habe – meinem innersten Kern, meinem wahren Selbst, kann nichts geschehen. Im Innersten bin ich in Gottes Hand. Da bin ich von Gottes guter Hand geschützt. Solches Vertrauen gibt mir Gelassenheit. Es tut der Seele gut. Und zu solchem Vertrauen muss ich mich immer wieder entscheiden.

Vertrauen heißt nicht, dass ich keine Angst mehr habe. Gläubige Christen werden genauso von Ängsten heimgesucht wie Atheisten. Denn die Ängste entspringen traumatischen Erfahrungen in der Kindheit. Oder sie haben mit archetypischen Ängsten zu tun, die mit dem Menschsein einfach gegeben sind, wie: Angst vor dem Verschlungenwerden, Angst vor dem Verhungern, Angst vor dem Verlassenwerden und Angst vor dem Sterben. Es hilft wenig, wenn wir uns selbst beschuldigen, sobald wir in uns Angst spüren. Ich kenne Christen, die sagen, als Christ dürfte ich doch gar keine Angst haben, ich müsste nur auf Gott vertrauen, dann wäre die Angst weg. Solche Sätze helfen nicht weiter. Ein besserer Weg wäre, die Angst zuzulassen und ihr bis zu ihrem Ende zu folgen. Dann wird mich die Angst in den Grund meiner Seele führen, in der das Vertrauen bereitliegt, das Gott mir ins Herz gegeben hat. Auf dem Grund meiner Angst werde ich dann erkennen: Mit meiner Angst bin ich in Gottes Hand. Die Angst darf sein. Aber sie ist umfasst von Gottes guter Hand.

Jesus will uns zu diesem kindlichen Vertrauen in Gott, unseren Vater, einladen. Im Lukasevangelium vergleicht Jesus Gott mit dem Vater, der seinem Sohn gute Gaben gibt: »Oder ist unter euch ein Vater, der seinem Sohn eine Schlange gibt, wenn er um einen Fisch bittet, oder einen Skorpion, wenn er um ein Ei bittet? Wenn nun schon ihr, die ihr böse seid, euren Kindern gebt, was gut ist, wie viel mehr wird der Vater im Himmel den Heiligen Geist denen geben, die ihn bitten« *(Lk 11,11–13)*. Wir sollen voll Vertrauen den Vater im Himmel bitten, dass er uns von der Angst befreit, dass er uns das Misstrauen nimmt und dass er uns, die wir an mangelndem Selbstvertrauen leiden, innerlich stärkt. Die eigentliche Gabe, die uns der himmlische Vater gibt, ist jedoch der Heilige Geist. Der Heilige Geist ist tiefer als der Geist der Angst, der Enge und des Misstrauens. Er ist nicht einfach ein menschliches Gefühl, so wie Vertrauen ein Gefühl ist. Doch wenn wir dem Heiligen Geist trauen, der unterhalb unserer Gefühle in uns ist, dann können sich langsam auch unsere Gefühle wandeln. Die Angst wandelt sich in Vertrauen, die Enge in Weite. Wir hören auf, uns an irgendetwas festzuklammern. Wir halten unsere leeren Hände Gott hin, damit er sie mit seinem Geist erfüllt.

*Glaube ist Vertrauen, nicht Wissenwollen.*
HERMANN HESSE

## *Glauben – Das Gute sehen*

Die deutsche Sprache verbindet den Glauben mit dem Sehen. Der Glaube ist eine ganz bestimmte Weise, die Wirklichkeit zu sehen. Das deutsche Wort Glauben geht auf die althochdeutsche Wurzel »liob« zurück, die »gut« bedeutet. Glauben heißt dann: gut sehen, das Gute sehen, etwas für lieb halten, es gutheißen. Glauben scheint hier auf den ersten Blick nichts mit Gott zu tun zu haben. Es geht vielmehr darum, das Gute im Menschen zu sehen, das Gute in der Welt wahrzunehmen und mit einem guten Blick auf alles zu schauen, was sich mir anbietet. Es gibt Menschen, die immer sofort das Haar in der Suppe sehen. Glauben heißt: bewusst die Dinge mit einem guten Auge anschauen, das Gute in allem entdecken.

Letztlich hat aber diese Sichtweise durchaus etwas mit Gott zu tun. Denn es geht darum, Gott in allem zu sehen, Gott auch im menschlichen Antlitz zu erkennen. Gott ist der Urgrund des Guten. Das Gute kann ich nur sehen, wenn ich glaube, dass Gott in allem ist. So hat es der Hl. Benedikt verstanden, wenn er die Mönche auffordert, im Bruder und in der Schwester Christus zu sehen. Ob ich an Gott glaube, das zeigt sich für Benedikt auch daran, dass ich an den Menschen glaube, dass ich an den göttlichen Kern, an Christus in jedem Menschen glaube. Wenn ich an das Gute im andern glaube, dann ermögliche ich auch ihm, dass er sich selbst mit einem guten Blick anschaut, anstatt sich zu verurteilen. Wohin es führt, wenn ich den andern immer nur misstrauisch anschaue, das zeigt uns Markus in der Geschichte von dem besessenen Sohn. Jesus deckt dem Vater auf, dass er zu wenig an den Sohn geglaubt hat. Er hat im Sohn nur das Negative gesehen, das er bekämpfen wollte, etwa seine Aggression und seine Sexualität. Das hat dazu geführt, dass der Sohn diese beiden Kräfte unterdrückt hat und von ihnen ins Feuer und Wasser geworfen wurde. Er wurde von seiner Aggression zu Boden geworfen und hat sie zähneknirschend ausagiert. Der Vater entdeckt in der Begegnung mit Jesus seinen mangelnden Glauben an das Gute in seinem Sohn. Sein Wort »Ich glaube, hilf meinem Unglauben« *(Mk 9,24)* zeigt, dass er an das Gute im Sohn glauben möchte. Und nur wenn er diesen Glauben erlangt, wird sich der Sohn gut entwickeln können.

Im Johannesevangelium wird der Glaube als ganz bestimmte Sehweise verstanden. Glauben heißt: hinter die Dinge sehen, den Schleier wegziehen, der über allem liegt, und Gott als den Grund allen Seins sehen und erkennen. Glauben ist hier das eigentliche Erkennen. Im Glauben erkenne ich die Wirklichkeit so, wie sie ist. Jesus ist gekommen, um uns diesen Glauben zu lehren. Dieser Glaube entdeckt in allem das Geheimnis Gottes und seines Sohnes Jesus Christus. Er sieht im Weinstock ein Bild für die Beziehung Jesu zu uns. Jesus ist der wahre Weinstock. Er sieht in der Tür ein Bild für Christus, der die eigentliche Tür ist. Jesus ist der, der uns die Tür aufschließt zu unserem wahren Selbst. Der Glaubende sieht im Brot das Geheimnis Jesu. Jesus ist es, der uns eigentlich nährt. Das Brot ist vergänglich. Das Brot des Lebens aber, das Jesus gibt, nährt uns auf unserem Weg zum ewigen Leben.

Wenn ich Glauben als Sehen verstehe, dann ist er nicht widervernünftig. Vielmehr ist unsere Vernunft immer auch begrenzt. Wir sehen nur das Vordergründige. Glauben heißt, hinter die Dinge zu schauen, den Schein zu durchschauen und mit der eigentlichen Wirklichkeit in Berührung zu kommen. Für die Griechen ist das Schauen der eigentliche Ort der Gotteserfahrung. Die Mystik gipfelt im Schauen Gottes, in einem Schauen, in dem ich mich selbst vergessen kann und eins werde mit dem Geschauten. Mystisches Schauen ist Aufwachen zur Wirklichkeit: die verschlafenen Augen öffnen, um die Illusionen zu durchschauen, die ich mir von der Wirklichkeit gemacht habe, und die Wirklichkeit so zu schauen, wie sie von Gott her geschaffen wurde.

## *Glauben als Umdeuten*

Vor über zwanzig Jahren habe ich einmal ein Buch mit dem Titel »Glauben als Umdeuten« geschrieben. Ich bezog mich mit diesem Begriff des Umdeutens auf die berühmte Geschichte von Tom Sawyer, der als Strafe für sein Verhalten einen 20 m langen Zaun streichen musste. Als die Kameraden ihn dabei verspotteten, drehte er den Spieß um und deutete sein Tun als Vergnügen um. Die Kameraden wurden auf einmal neugierig. Alle wollten den Zaun streichen. Doch nun mussten sie Tom Sawyer erst einmal Geld zahlen, damit sie in den Genuss kamen, den Zaun streichen zu dürfen. Der Glaube ist eine Weise, das, was wir tun und erleben, umzudeuten, es in einem anderen Licht zu sehen. Dann wird es uns auch anders dabei gehen.

Mit dem Titel »Glauben als Umdeuten« will ich den Leser provozieren, damit er einmal anders über den Glauben nachdenkt. Es gibt kein Leben ohne Deutung. Die Frage ist, ob unsere Deutung der Wirklichkeit entspricht oder nicht. Wie wir die Situationen unseres Lebens erfahren, hängt immer von der Deutung ab. Der Glaube ist ein ganz bestimmtes Deutungsmuster. Wenn ich morgens in die Arbeit gehe und nur meiner Frustration nachhänge, werde ich alles negativ erleben.

Wenn ich die Arbeit aber bewusst unter den Segen Gottes stelle, wenn ich mir bewusst mache, dass ich im Dienste Gottes stehe, dann bekommt alles ein anderes Gesicht. Wenn ich daran glaube, dass ich mit meiner Arbeit Menschen helfen kann und am schöpferischen Wirken Gottes teilnehme, dann wird die Arbeit nicht zur Last, sondern für mich und andere zum Segen.

Oft ist die Deutung, die wir unserem Leben geben, unbewusst. Wir übernehmen einfach Deutungsmuster von anderen. Und oft sind diese Muster eher lebenshemmend. Wenn ich z. B. meine Krankheit als Strafe Gottes deute, tue ich mir damit keinen Gefallen. Der Glaube ist keine festgelegte Deutung. Er fragt vielmehr bei allem, was uns begegnet, was Gott wohl damit sagen möchte, was der Sinn des Ganzen sein könnte. Der Glaube legt Gott nicht fest. Aber er öffnet meinen Geist für die tiefere Bedeutung des Geschehens.

In schwierigen Situationen spüren wir, dass uns die Deutung aus dem Glauben guttut. Wenn wir einen lieben Menschen verlieren, sind wir ratlos. Wir erfahren den Verlust eines nahen Menschen als sinnlos. Da ist es wichtig, im Glauben zu fragen, was es bedeuten könnte. Wir sollen dabei nicht gleich eine feste Deutung entwickeln. Allein das Fragen hilft. Oder wenn ich in meinem Beruf oder in einer Freundschaft scheitere, kann ich mich selbst verurteilen und beschimpfen oder aber ich kann fragen, was Gott mir damit für eine Aufgabe stellt, welche Chance darin liegen könnte. Der Glaube öffnet mir die Augen, dass ich nach neuen Möglichkeiten Ausschau halte, anstatt mich in mein negatives Deutungsmuster festzubeißen. Glauben heißt nicht, die Dinge beliebig umzudeuten. Letztlich deute ich die Wirklichkeit im Lichte Gottes um. Ich deute sie so, wie Gott sie sieht. Und das ist im Vergleich zu den Deutungen, die wir oft geben, eben ein Umdeuten.

### *Glauben als fest stehen*

Der Prophet Jesaja wird von Gott zum König von Judäa, zu Ahas, gesandt, dem beim Nahen des Feindes das Herz zittert, »wie die Bäume des Waldes im Wind zittern« *(Jes 7,2)*. Der Prophet macht dem König Mut. Und er schließt seine Rede ab mit dem berühmten Wort: »Glaubt ihr nicht, so bleibt ihr nicht« *(Jes 7,9)*. Man könnte diesen Vers auch so übersetzen: »Glaubt ihr nicht, so habt ihr keinen festen Stand.« Der Glaube verleiht mitten in der Angst und in der Gefahr einen festen Stand. Wer im Glauben fest steht, der lässt sich nicht so leicht von den Gefahren oder einem drohenden Unheil umwerfen. Der Glaube lässt ihn in Gott einen festen Grund finden, auf dem er stehen kann. Ähnlich definiert der Hebräerbrief den Glauben: Es ist eine paradoxe Formulierung, die der Hebräerbrief hier wagt. Wie kann ich fest stehen in dem, was ich erhoffe, was also in der Zukunft verborgen liegt und was ich jetzt gar nicht sehen kann? Im Glauben bekomme ich festen Grund unter den Füßen. Aber dieser Grund ist unsichtbar. Es ist letztlich Gott, auf dem ich stehe wie auf einem Fels. So haben es viele Psalmen immer wieder beschrieben: Gott ist der Fels, auf dem ich fest stehen kann. Dieses Feststehen in dem, was ich nicht sehe, sondern erhoffe, gibt mir Standfestigkeit gegenüber allen sichtbaren Gefährdungen.

*»Glaube aber ist: Feststehen in dem, was man erhofft, Überzeugtsein von Dingen, die man nicht sieht.«*
Hebr 11,1

Wenn ich in Gott fest stehe, dann werfen mich die Verletzungen und Kränkungen der Mitmenschen nicht so leicht um. Es trifft zwar meine Gefühle, wenn mich jemand beschimpft. Aber den Grund, auf dem ich im Glauben stehe, kann mir weder Beschimpfung noch Beleidigung unter den Füßen wegziehen. Wer glaubt, der flattert nicht im Wind, der wird kein Wendehals. Er hat in Gott einen festen Grund, der ihm Stehvermögen schenkt. Aber zugleich zeigt mir mein Stehen an, ob ich wirklich im Glauben fest stehe oder ob ich nur vom Glauben spreche. Mein Leib ist ein wichtiger Test darauf, ob ich wirklich glaube. Der Glaube muss sich im Leib ausdrücken, sonst wird er unwirklich. Ich kann zwar sagen: Ich glaube an Gott und ich vertraue auf ihn. Aber wenn ich mit hochgezogenen Schultern dastehe und unsicher von einem Fuß auf den anderen trete, dann drückt mein Leib das Gegenteil aus von dem, was ich von mir behaupte. Der Glaube lässt sich im Leib überprüfen. Und er will den Leib verwandeln. Wer glaubt, der lernt, zu sich zu stehen und einen Standpunkt zu vertreten, und er zeigt Standfestigkeit und Stehvermögen.

### *Neue Lebensqualität im Glauben – Der Evangelist Johannes*

Im Johannesevangelium kommt das Wort »glauben« wesentlich häufiger vor als in den so genannten synoptischen Evangelien. Glaube ist bei Johannes Ausdruck der christlichen Existenz. Nur wer glaubt, lebt wirklich. Wer nicht glaubt, ist eigentlich tot. So sagt es Jesus in einem Streitgespräch mit den Juden: »Wer mein Wort hört und dem glaubt, der mich gesandt hat, hat das ewige Leben; er kommt nicht ins Gericht, sondern ist aus dem Tod ins Leben hinübergegangen« *(Joh 5,24)*.

Wer nicht glaubt, ist letztlich im Tod. Er lebt nur vordergründig. Er lebt so dahin. Der Glaube gibt uns eine neue Lebensqualität. Im Johannesevangelium heißt diese neue Qualität »ewiges Leben«. Ewiges Leben meint den Augenblick, in dem Zeit und Ewigkeit zusammenfallen, in dem Gott und Mensch miteinander eins werden. Im Glauben übersteige ich diese Welt und gelange in Gott hinein. Ich identifiziere mich nicht mehr mit der Welt, d. h. ich beziehe meine Identität nicht mehr aus der Anerkennung und Zuwendung anderer oder aus dem Erfolg und dem Besitz. Vielmehr definiere ich mich von Gott her. Ich bin – wie Johannes es ausdrückt – »nicht aus dem Willen des Fleisches, nicht aus dem Willen des Mannes, sondern aus Gott geboren« *(Joh 1,13)*. Ich habe meine wahre Identität aus Gott.

*Glauben heißt leben.*
HONORÉ DE BALZAC

Dieses mystische Verständnis des Glaubens im Johannesevangelium hat die transpersonale Psychologie als echte Lebenshilfe entdeckt. Die transpersonale Psychologie hat erkannt, dass unsere häufigsten Probleme daher rühren, dass wir uns von der Zuwendung und Anerkennung anderer Menschen abhängig machen. Wir meinen, die Beziehung zu den andern sei die wesentliche Quelle unseres Wohlbefindens. Damit aber machen wir uns völlig von andern abhängig. Im Glauben übersteige ich die Ebene der Beziehungen und entdecke in mir den Raum des Schweigens, in dem Gott in mir wohnt. Im Griechischen steht hier *metabainein* und im Lateinischen *transire*. Beides heißt »hinübergehen«, von einer Welt zur anderen hinübergehen. Johannes bringt dieses Wort nochmals bei der Fußwaschung: »Es war vor dem Paschafest. Jesus wusste, dass seine Stunde gekommen war, um aus dieser Welt zum Vater hinüberzugehen« *(Joh 13,1)*. *Pascha* heißt eigentlich »hinübergehen«. Das Volk Israel ist aus dem Sklavenhaus Ägypten hinübergegangen in das Gelobte Land, in dem es ganz es selber sein konnte. Im Tod am Kreuz geht Jesus aus dieser Welt in die Welt Gottes hinüber und nimmt uns mit in diesen Übergang. Die Welt hat im Kreuz ihre Macht über uns verloren. Wir gehen hinüber in die Welt Gottes. Die Welt Gottes erwartet uns aber nicht erst im Tod. Wir ziehen mit Christus jetzt schon aus dieser Welt in die innere Welt Gottes, die in unserer Seele ist, in den inneren Raum der Stille und des Schweigens. Dieser Raum der Stille in mir ist der Macht und dem Zugriff dieser Welt entzogen. Da bin ich ganz frei, da bin ich ganz ich selbst. Da kann mich niemand verletzen. Da hat niemand Macht über mich. Der Glaube ist daher für das Johannesevangelium auch ein Weg in die Freiheit. Im Glauben beziehe ich meine wahre Würde von

Gott und nicht von dieser Welt her. Das Wort Jesu vor Pilatus drückt diesen Aspekt des Glaubens aus: »Mein Königtum ist nicht von dieser Welt« *(Joh 18,36)*. Dieser Satz gilt auch von uns. Weil unsere königliche Würde nicht von dieser Welt ist, hat die Welt auch keine Macht über sie. Niemand kann sie uns nehmen. Der Glaube befreit uns aus der Macht irdischer Könige und Kaiser und lässt uns im inneren Raum des Schweigens, in der inneren Heimat unseres Herzens, unsere unzerstörbare Würde finden.

### *Glaube, der heilt*

Wenn Jesus einen Kranken heilt, schreibt er seine heilende Kraft oft dem Glauben zu. Der blutflüssigen Frau, die von ihm geheilt wurde, sagt er: »Meine Tochter, dein Glaube hat dir geholfen. Geh in Frieden! Du sollst von deinem Leiden geheilt sein« *(Mk 5,34)*. Ähnlich antwortet Jesus dem blinden Bartimäus: »Geh: Dein Glaube hat dir geholfen« *(Mk 10,52)*. Beim römischen Hauptmann von Kafarnaum lobt Jesus ausdrücklich den Glauben: »Amen, das sage ich euch: Einen solchen Glauben habe ich in Israel noch bei niemand gefunden« *(Mt 8,10)*. Und ihm selbst spricht er die Heilung seines Knechtes zu: »Geh! Es soll geschehen, wie du geglaubt hast« *(Mt 8,13)*. Es ist also der Glaube, der letztlich heilt. Aber es ist nicht nur der Glaube des Kranken, der für seine Heilung Voraussetzung ist. Oft ist es auch der Glaube der Umstehenden, der die Heilung eines Menschen bewirken kann. Beim Gelähmten sind es die vier Männer, die den Gelähmten auf einer Bahre zu Jesus bringen und dafür das Dach abdecken müssen. Zu Jairus, dem die Leute sagen, dass seine Tochter soeben gestorben sei, sagt Jesus: »Sei ohne Furcht; glaube nur!« *(Mk 5,36)*. Wenn der Vater an die Heilung der Tochter glaubt, dann wird sie geheilt werden. Unser Glaube kann also auch für andere zur Quelle der Heilung werden.

*Alles ist möglich dem, der glaubt.*
*Mk 9,23*

Der Glaube ist aber kein Wundermittel, mit dem ich jede Krankheit zu heilen vermag. Ich kann also nicht sagen: Ich brauche nur mit aller Kraft zu glauben, dann muss ich auch gesund werden. Oder ich brauche nur an die Heilung meines Freundes zu glauben, dann wird er auch genesen. Der Glaube ist die Bedingung, dass Heilung geschehen kann. Aber im Glauben überlasse ich es immer Gott, ob er heilt oder nicht. Ich traue Gott zu, dass er jede Krankheit zu heilen vermag. Und oft genug geschieht das Wunder der Heilung. Davon gibt es genügend Berichte. Aber ich kann das Wunder nicht erzwingen. Heute ist es sogar wissenschaftlich erwiesen, dass der Glaube eine gute Bedingung dafür ist, dass Krankheiten geheilt werden können. Aber er ist eben kein Trick, den ich immer dann anwenden kann, wenn ich es will. Glaube ist vielmehr: seine eigenen Wünsche loslassen und sich und den Kranken ganz und gar Gott übergeben. Es ist immer Gottes Wille, ob jemand geheilt wird oder nicht.

### *Glaube, der Berge versetzt*

Jesus spricht von einem Glauben, der Berge versetzen kann: »Amen, das sage ich euch: Wenn jemand zu diesem Berg sagt: Hebe dich empor und stürz dich ins Meer!, und wenn er in seinem Herzen nicht zweifelt, sondern glaubt, dass geschieht, was er sagt, dann wird es geschehen« *(Mk 11,23)*. Im Lukasevangelium gebraucht Jesus ein anderes Bild. Als die Apostel Jesus bitten: »Stärke unseren Glauben!«, antwortet er: »Wenn euer Glaube auch nur so groß wäre wie ein Senfkorn, würdet ihr zu dem Maulbeerbaum hier sagen: Heb dich samt deinen Wurzeln aus dem Boden und verpflanz dich ins Meer!, und er würde euch gehorchen« *(Lk 17,6)*.

Was bedeuten diese beiden Sätze? Will Jesus

uns zu Zauberkunststücken animieren? Sicher nicht! Wir müssen diese Worte bildhaft verstehen. Oft stehen wir vor einem Berg von Problemen. Der Blick in die Zukunft ist uns verstellt. Wir kommen auf unserem Weg nicht weiter. Ein Berg steht im Weg. Wenn wir die Fixierung auf den Berg, der vor uns liegt, aufgeben und uns im Glauben festmachen, dann stürzt der Berg in sich zusammen, dann werden die Probleme auf einmal kleiner. Sie türmen sich nicht mehr wie ein hoher Berg vor uns auf. Der Glaube versetzt uns auf eine höhere Ebene, von der aus wir auf den Berg herabblicken können. Der Berg ist nicht mehr bedrohlich. Er stürzt sich ins Meer. Das Meer ist in Träumen immer ein Bild für das Unbewusste. Aus dem Unbewussten steigen oft Ängste in uns auf, die sich wie Berge vor uns aufbauen. Im Glauben stürzen diese Berge in sich zusammen.

Bei Lukas ist es ein anderes Bild. Der Maulbeerbaum krallt seine Wurzeln tief in die Erde. Man nimmt an, dass so ein Baum 600 Jahre in der Erde fest stehen kann. Für mich ist dieser Baum ein Bild für einen Menschen, der sich an sich selbst festklammert, der einen festen Stand in der Erde, im Sichtbaren und im Trockenen sucht. Doch der Glaube entwurzelt diesen Baum. Er verpflanzt ihn ins Meer. Im Meer bekommt unser Lebensbaum Wasser. Da wird er fruchtbar. Ohne Glauben verkrampfen wir uns. Wir halten alles fest, unseren Besitz, unseren Erfolg, unsere Gesundheit und Kraft. Im Glauben können wir all das loslassen. Wir tauchen es ein in das Meer. Der Glaube wirkt hier nicht nur ein Wunder, sondern er gibt uns einen neuen Stand, keinen krampfhaften mehr, sondern einen Stand im fruchtbaren Meer des Unbewussten. Der Glaube bringt uns in Berührung mit der Quelle des Heiligen Geistes, die in uns ist und unser Leben befruchtet und nährt.

### *Der Glaube Abrahams*

Abraham gilt für Paulus als das Urbild des Glaubens. Er hat sich eingelassen auf den Anruf Gottes, der ihn weglockt aus seinem Vaterhaus und aus seiner Verwandtschaft in das Land, das er ihm zeigen wollte. Glaube hat hier mit Wagnis zu tun und mit Ausziehen. Ich lasse das Vertraute los und lasse mich ein auf das, was Gott mir zutraut. Ich weiß nicht, was Gott mir zeigen wird. Dennoch ziehe ich aus und lasse meinen Besitz, meine Beziehungen, meine Vergangenheit los, um mich auf die Zukunft einzulassen.

In *Gen 15,6* heißt es: »Abram glaubte dem Herrn, und der Herr rechnete es ihm als Gerechtigkeit an.« Dieser Satz wurde für den Apostel

Paulus wichtig. Für ihn ist es der Glaube, der den Menschen rechtfertigt, und nicht die Werke des Gesetzes. Im Glauben bekommt der Mensch eine neue Existenz. Da wandert er aus aus dem Zwang, sich selbst rechtfertigen zu müssen. Da wandert er aus aus dem eigenen Leistungsdruck, sich vor andern und vor sich selbst beweisen zu müssen. Im Glauben lässt er sich ein auf Gottes barmherzige Liebe. Und da erfährt er seinen wahren Wert. Da erfährt er, dass er von Gott bedingungslos angenommen ist. Es ist ein Urbedürfnis des Menschen, sich selbst etwas zu schaffen, auf das er stolz schauen kann. Der Glaube ist Loslassen all dessen, was ich in der Hand habe, um mich auf den Weg zu machen zu Gott, der meine tiefste Sehnsucht erfüllt. Als Abraham auszog, wusste er nicht, wohin er kommen würde *(vgl. Hebr 11,8)*. Trotzdem wagte er es. Glauben heißt auch für uns, die alten Zelte abzubrechen, ohne zu wissen, wo wir uns niederlassen können. Es ist ein Risiko, so auszuziehen. Aber dieses Risiko gehört wesentlich zum Glauben. Es ist eine Verheißung, der wir folgen, keine absolute Gewissheit. Wer glaubt, der vertraut darauf, dass Gott seine Sehnsucht stillen wird und dass er ihn in das Land führt, in dem er wahrhaft daheim sein kann. Alles, was wir uns selbst erbauen, bietet uns keine Heimat. Das ist das letzte Ziel des Glaubens, eine Heimat zu suchen, in der wir für immer daheim sind. So sieht es auch der Hebräerbrief. Die Glaubenden, so sagt der Autor dieses hochtheologischen Schreibens, »geben zu erkennen, dass sie eine Heimat suchen. Hätten sie dabei an die Heimat gedacht, aus der sie weggezogen waren, so wäre ihnen Zeit geblieben zurückzukehren; nun aber streben sie nach einer besseren Heimat, nämlich der himmlischen« *(Hebr 11,14–16)*. In diesem Vertrauen, dass uns eine bessere Heimat erwartet, die Heimat in Gott, können wir immer wieder das Vertraute loslassen, Sicherheiten aus der Hand geben und uns auf den Weg machen. Der Glaube hält uns in Bewegung. Er befreit uns von allen Abhängigkeiten und Bindungen, von denen unsere Existenz oft genug bestimmt ist.

## *Der Glaube Jesu*

Manche meinen, Jesus bräuchte als der Sohn Gottes keinen Glauben. Er würde doch selbst Gott sein. Doch Jesus war wahrer Mensch. Und als Mensch glaubte er genauso wie wir. Wenn wir den Glauben Jesu betrachten, so stoßen wir einmal auf seine Aussagen über den Glauben. In dem, was Jesus uns über den Glauben sagt, können wir sein eigenes Vertrauen entdecken. Wir haben oben schon gesehen, dass Jesus von dem Glauben spricht, der die Wunden heilt, vom Glauben, der Berge versetzt, und vom Glauben an Gott als den guten und barmherzigen Vater. Der Glaube Jesu wird aber auch sichtbar in seinem Handeln und in seiner Verkündigung. Als Jesus mit seinen Jüngern zusammen im Boot in einen heftigen Sturm gerät, brechen die Jünger in Panik aus. Jesus jedoch liegt im Boot und schläft. In diesem Schlafen drückt sich sein Vertrauen aus. Ihm wird nichts geschehen, was nicht von Gott gewollt ist. Er weiß sich in Gottes Schutz sicher. Wenn Jesus Kranke heilt, so drückt sich darin auch sein Vertrauen auf die heilende Kraft Gottes aus. Jesus zweifelt nicht, dass Gott ihn mit seiner heilenden Kraft erfüllt. Die Kranken gehen auf Jesus zu. Offensichtlich geht von Jesus eine solch vertrauenerweckende Ausstrahlung aus, dass die Menschen sich von ihm angezogen fühlen. Vor ihm kann die blutflüssige Frau ihre ganze Wahrheit aussprechen. Es geht von Jesus etwas aus, das den Menschen, die an sich leiden und die ihre innerste Wahrheit vor den anderen verbergen möchten, Mut macht, sich zu öffnen und sich mit ihren Wunden Jesus zu zeigen.

In der Verkündigung Jesu erkennen wir, wie er von Gott spricht und wie er zu diesem Gott steht, von dem er uns verkündet. Es ist ein Gott, der uns bedingungslos annimmt, der uns die Sünden vergibt, der uns aufrichtet und uns in die Freiheit führt. Aus den Worten Jesu erkennen wir seine Beziehung zum Vater. Er spricht nächtelang im Gebet zum Vater. Glauben ist für ihn eine intime Beziehung zu Gott. Die Jünger waren vom Gebet Jesu so fasziniert, dass sie ihn darum bitten, er solle sie lehren, wie sie beten könnten. Im Vaterunser wird der Glaube Jesu deutlich. Jesus wendet sich vertrauensvoll an den Vater. Und es geht ihm in erster Linie darum, dass der Vater verherrlicht wird. Jesus benutzt Gott nicht für sich und seine Wundertätigkeit. Es geht ihm vielmehr darum, ganz durchlässig zu sein für den Vater, damit sein Reich sichtbar wird. Wenn wir beten, so sollen wir uns nicht unter Leistungsdruck setzen, als ob wir Gott mit möglichst vielen Worten dazu drängen könnten, unsere Bitten zu erfüllen. Für Jesus ist das ein Bild dafür, wie es die Heiden tun: »Macht es nicht wie sie; denn euer Vater weiß, was ihr braucht, noch ehe ihr ihn bittet« *(Mt 6,8)*. In diesem Wort wird das Vertrauen Jesu sichtbar. Gott hört uns, wenn wir beten. Und er wird an uns erfüllen, worum wir ihn bitten.

Glaube ist für Jesus vor allem Freiheit von Angst. So mahnt er seine Jünger, sie sollten sich vor niemandem fürchten, weder vor der eigenen Wahrheit, vor dem, was im eigenen Herzen verborgen liegt, noch vor Menschen, die sie verfolgen und sie mit dem Tod bedrohen *(vgl. Mt 10,26–33)*. Der Glaube gibt uns Halt in Gott. Wer in Gott ist, dem kann nichts Schlimmes widerfahren. Selbst wenn andere meine geheimsten Sünden herausposaunen, kann es mir nicht schaden. Denn ich bin mit allem, was in mir ist, von Gott geliebt. Diesen Glauben, den Jesus uns rät, hat er selbst in seiner Passion gezeigt. Da ist er ohne Angst vor Pilatus getreten. Da hat er im Kreuz nicht an sich festgehalten. Sein Glaube kommt am Kreuz zur Vollendung, wenn er sterbend den *Psalm 31* betet, den die frommen Juden als Abendgebet verrichteten: »Vater, in deine Hände lege ich meinen Geist« *(Lk 23,46)*. Selbst im Tod weiß er sich von Gottes guten Händen umgeben. In diese zärtlichen Hände Gottes lässt er sich im Tod fallen. Jesus hat uns nicht nur zum Glauben ermahnt. Er hat selbst einen Glauben gelebt, der sich durch nichts erschüttern ließ. Und so können wir im Blick auf ihn Glauben lernen.

Für das Matthäusevangelium ist das Thema des Kleinglaubens typisch. Die Jünger glauben zwar an Gott und an Jesus. Aber ihr Glaube ist klein. Jesus lehrt sie, wirklich zu glauben. Matthäus erzählt uns die Geschichte vom Seesturm anders als Markus. Jesus ist nicht im Boot, sondern er wandelt über den See, um den bedrängten Jüngern zu Hilfe zu kommen. Sein erstes Wort ist: »Habt Vertrauen, ich bin es; fürchtet euch nicht!« *(Mt 14,27)*. Dieses Wort weckt in Petrus ein so starkes Vertrauen, dass er das Boot verlässt und auf Jesus zugeht. »Als er aber sah, wie heftig der Wind war, bekam er Angst und begann unterzugehen« *(Mt, 14,30)*. Jesus rettet ihn und spricht ihn dabei an: »Du Kleingläubiger, warum hast du gezweifelt?« *(Mt 14,31)*. Jesus will uns, die wir nur einen kleinen Glauben haben, in unserem Glauben stärken. Wir sollen vertrauen, dass er uns nicht allein lässt in der größten Not. Dort, wo wir unterzugehen drohen, ist er bei uns. Und wenn er bei uns ist, dann dürfen wir Vertrauen haben, dass uns nichts widerfahren kann, das uns zu schaden vermag. In der Nähe Jesu bekommen wir Anteil an seinem Glauben, an seinem abgrundtiefen Vertrauen, das er in den Vater setzte.

*Der Glaube an Gott ist wie der ewige Beginn einer Liebe.*
JEAN GIRAUDOUX

Jesus hatte diesen Glauben nicht von Anfang an. Er musste ihn lernen. Wilhelm Bruners hat ein Buch geschrieben mit dem Titel: »Wie Jesus glauben lernte«. Manche meinen, Jesus hätte schon als Kind immer in der Gewissheit gelebt, dass er Gottes Sohn ist. Doch Bruners zeigt auf, wie Jesus als jüdisches Kind in die Schule des Glaubens ging. Diese Schule des Glaubens begann bei Vater und Mutter. Von Josef, der gerecht und zugleich barmherzig war, lernte er den Glauben an den guten und barmherzigen Vater. Von Maria, die in ihrem Lobgesang vertraut, dass Gott die Armen sättigt und die Reichen leer ausgehen lässt, lernt er den Glauben an den Gott, der alle menschlichen Maßstäbe umstürzt, der ganz anders denkt als die Menschen. Und er lernt von Maria den Glauben an den Gott, der unser Herz jubeln lässt und uns mit Freude erfüllt. Es ist ein faszinierendes Gottesbild, das ihm seine Mutter vermittelt hat. Und Jesus lernt in der jüdischen Schule, die Psalmen zu beten. Darin kommt sein Vertrauen zum Ausdruck, dass Gott ihn aus jeder Not erretten werde. Dieses Vertrauen hält er durch bis zum Tod. Jesus hat den Glauben durch andere gelernt. Er hat ihn aber auch durch seine eigene Erfahrung gelernt. Er hat gelernt, im Gebet eine immer intimere Nähe zu Gott zu erleben. Die Erfahrung der liebenden Nähe seines Vaters hat ihn dann anders von Gott sprechen lassen. Wenn er von Gott sprach, klang das völlig neu, nicht so wie die Worte der Schriftgelehrten und Pharisäer. Markus gibt die Reaktion des Volkes treffend wieder: »Die Menschen waren sehr betroffen von seiner Lehre; denn er lehrte sie wie einer, der (göttliche) Vollmacht hat, nicht wie die Schriftgelehrten« *(Mk 1,22)*. Die Leute spürten, dass Jesus richtig von Gott sprach. Wenn er redete, war Gott gegenwärtig. Da spürte man seine Kraft, aber auch seine Liebe. Da wurde es leicht, an diesen Gott zu glauben. Denn in der Ausstrahlung Jesu wurde dieser Gott auch für die Zuhörer und Zuschauer erfahrbar.

### *Der Glaube Marias*

Der Evangelist Lukas stellt uns Maria als Urbild und Vorbild des Glaubens vor Augen. Als der Engel zu ihr kommt und ihr verkündet, dass sie ein Kind gebären sollte, das Sohn des Höchsten genannt wird, da glaubt sie dem Engel. Zacharias, der Mann und Priester, hat der Botschaft des Engels nicht geglaubt. Maria aber zeigt uns, wie Glauben geht. Sie lässt sich ein auf den Engel. Sie beginnt ein Gespräch mit ihm. Wir denken heute, wir würden auch glauben, wenn da ein Engel mit Flügeln zu uns hereinschwebt. Doch so eindeutig und klar dürfen wir uns die Erscheinung des Engels nicht vorstellen. Der Engel, das kann ein Mensch gewesen sein, der Maria etwas zusagte. Es kann auch ein innerer Impuls gewesen sein, der in der Stille in Marias Seele auftauchte, oder ein Traum, der über sie kam. Die Größe Mariens besteht darin, dass sie diese leise Stimme des Engels nicht überhört und mit rationalen Argumenten weggewischt hat. Sie hat sich darauf eingelassen. Sie hat diese Stimme ernst genommen und versucht, sie zu verstehen. Sie hat Einwände gegen die Stimme des Engels: »Wie soll das geschehen, da ich keinen Mann erkenne?« *(Lk 1,34)*. Doch der Engel entkräftet ihr Argument: »Für Gott ist nichts unmöglich« *(Lk 1,37)*. Auf dieses Wort hin ergibt sich Maria dem Willen Gottes: »Ich bin die Magd des Herrn; mir geschehe, wie du es gesagt hast« *(Lk 1,38)*. Maria stellt sich Gott zur Verfügung. Sie lässt sich ein auf das, was er mit ihr vorhat, ohne zu wissen, was das alles für sie bedeuten wird. Im Vertrauen auf das Wort des Engels macht sie sich auf den Weg und geht über die Berge der Zweifel, der Ängste, der Vorurteile hinweg, um ihre Verwandte Elisabeth zu besuchen. Elisabeth preist ihren Glauben: »Selig ist die, die geglaubt hat, dass sich erfüllt, was der Herr ihr sagen ließ« *(Lk 1,45)*.

Maria ist für Lukas die große Glaubende. Sie glaubt den Worten Gottes, die ihr der Engel verkündet hat. Zacharias hat nicht geglaubt und ist verstummt. Maria glaubt und beginnt zu singen. Ihren Jubel über Gott drückt sie aus im Magnifikat: »Meine Seele preist die Größe des Herrn.« Sie vertraut dem Gott, der alle menschlichen Verhältnisse und Maßstäbe umstürzt, der die Niedrigen erhebt und die Hungernden mit seinen Gaben beschenkt. Es ist der Gott, der auf sie, das unbedeutende Mädchen aus Nazaret, herabgeschaut und Großes an ihr getan hat. »Siehe, von nun an preisen mich selig alle Geschlechter« *(Lk 1,48)*. Aus diesem Wort wird deutlich, wie der Glaube an Gott ihr auch Selbstvertrauen gibt. Sie, die nichts vorzuweisen hat, vertraut dennoch darauf, dass kommende Geschlechter sie seligpreisen werden. Die wahre Größe kommt uns von Gott zu. Aber zu dieser Größe dürfen und sollen wir auch stehen.

Der Glaube Marias bewährt sich nach der Geburt ihres Kindes, indem sie alles, was sie über dieses Kind von den Hirten und aus dem Mund des greisen Simeon hört, in ihrem Herzen bewahrt und darüber nachdenkt. Glauben heißt nicht, sofort verstehen, was geschehen ist, sondern es ins Herz aufnehmen, es hin und her bewegen, bis einem irgendwann der Sinn aufgeht. Im Griechischen steht hier: *symballousa*, d. h., sie fügt die Worte zusammen. Sie fügt das, was sie an unverständlichen Worten oder Erlebnissen in ihrem Herzen aufnimmt, meditierend zusammen, so dass sie es verstehen kann. Es sind wunderbare Worte, die Maria staunend in ihr Herz aufnimmt. Aber es sind auch schmerzliche Worte, die sie im Herzen bewahrt. Simeon verkündet ihr nicht nur, dass in ihrem Kind die Herrlichkeit Gottes für alle

Welt aufleuchtet, sondern auch, dass ein Schwert durch ihre Seele dringen wird. Es wird auch ein schmerzlicher Weg für Maria werden, wenn sie sehen muss, dass ihr Sohn von den offiziellen jüdischen Kreisen abgelehnt und von den Römern ans Kreuz geschlagen wird. Lukas erzählt uns im Anschluss an die Begegnung mit Simeon und Hanna dann schon ein erstes schmerzliches Erlebnis, das Maria mit ihrem 12-jährigen Sohn hatte. Der Sohn bleibt im Tempel, um mit den Lehrern Israels zu diskutieren. Er lässt die Eltern drei Tage lang im Ungewissen. Sie suchen ihn mit Schmerzen. Als sie ihn finden, antwortet er auf den Vorwurf Marias, warum er ihnen das angetan habe: »Wusstet ihr nicht, dass ich in dem sein muss, was meinem Vater gehört?« *(Lk 2,49)*. Maria versteht die Worte ihres Sohnes nicht. Aber sie bewahrt sie in ihrem Herzen, bis sie sich in ihrem Inneren zusammenfügen als Weisheit Gottes, der sie andere Wege führt, als sie sich selbst ausgedacht hat. Das ist die Größe des Glaubens bei Maria, dass sie all das, was sie erlebt, in ihrem Herzen bewahrt und immer wieder hin und her bewegt, bis sich ein Sinn daraus ergibt und sie Gottes weise Führung darin erkennt.

# Hoffnung

# Aus der Hoffnung leben

Im Jahre 1964 hat der evangelische Theologe Jürgen Moltmann seine »Theologie der Hoffnung« veröffentlicht. In kurzer Zeit hat sie mehrere Auflagen erlebt. Die sechziger Jahre des letzten Jahrhunderts waren Jahre der Hoffnung. In der katholischen Kirche hat das Konzil die Hoffnung in den Mittelpunkt gerückt, etwa in der Konstitution »Gaudium et spes«. Sie beginnt mit den Worten: »Freude und Hoffnung, Bedrängnis und Trauer der Menschen von heute, besonders der Armen und Notleidenden aller Art, sind zugleich auch Freude und Hoffnung, Trauer und Bedrängnis der Jünger Christi.« Damals verband man die christliche Haltung der Hoffnung mit ihrer Verantwortung für die Welt. Für Jürgen Moltmann ist das Kreuz die Hoffnung der Erde. Es zeigt, dass die Hoffnung sich der zerstörten Erde und der geschundenen Menschen annehmen muss. »Wer auf Christus hofft, kann sich nicht mehr abfinden mit der gegebenen Wirklichkeit, sondern beginnt an ihr zu leiden, ihr zu widersprechen.«

Es gab eine regelrechte Euphorie der Hoffnung. Katholische wie evangelische Theologen entfalteten die Theologie der Hoffnung im Dialog mit dem großen Werk des atheistischen Philosophen Ernst Bloch »Prinzip Hoffnung«. Bloch hat die Hoffnung als Grundexistential des Menschen beschrieben. In allem Tun des Menschen ist die Hoffnung der eigentliche Beweger. Die Malerei verweist auf die noch nie gesehene Schönheit, die Architektur ist getrieben von der Hoffnung auf Heimat, im Tanz drücken wir die Hoffnung nach dem ganz anderen aus, nach einer noch nie erlebten schönen Bewegung. Und am Ende hofft der Atheist Bloch doch mit dem christlichen Hymnus »Te deum laudamus – Gott, wir loben dich«: »Non omnis confundar – Ich werde nicht ganz zuschanden.« Das Buch faszinierte viele christliche Theologen. Sie sahen darin eine philosophische Bestätigung der christlichen Hoffnung.

Karl Rahner und andere Theologen suchten den Dialog mit marxistischen Philosophen. Im Gespräch mit ihnen versuchte die Theologie die christliche Hoffnung als entscheidende Kraft der Erneuerung und der Arbeit an einer menschlicheren Zukunft zu beschreiben. Heute ist diese Euphorie längst vorbei. Die Hoffnung ist wieder zum Nebenthema geworden. Gerade deshalb scheint es mir wichtig, über diese genuin christliche Tugend der Hoffnung nachzudenken. Auch heute entscheidet sich unser Christsein daran, ob wir aus der Hoffnung leben und Hoffnung in dieser Welt verbreiten.

## *Hoffnung als Tugend*

Die Theologie nennt Glaube, Liebe und Hoffnung die drei göttlichen Tugenden. Es sind Tugenden, die nicht aus der Kraft des Menschen kommen wie die vier Kardinaltugenden, die der griechische Philosoph Aristoteles beschrieben hat: Gerechtigkeit, Klugheit, Tapferkeit und Maß. Vielmehr werden sie dem Menschen von Gott geschenkt, von Gott durch den Heiligen Geist eingegossen. Die Tugend der Hoffnung ist also eine Begabung des Menschen. Das deutsche Wort »Tugend« kommt von taugen. Die Hoffnung als Tugend ist die Voraussetzung, dass der Mensch zu seinem Leben taugt, dass sein Leben gelingt. Josef Pieper nennt die Tugend »das Äußerste dessen, was ein Mensch sein kann; sie ist die Erfüllung menschlichen Seinkönnens. Tugend ist die Vollendung des Menschen zu einem Tun, durch das er seine Glückseligkeit verwirklicht«.

> ***Hoffen heißt: an das Abenteuer der Liebe glauben, Vertrauen zu den Menschen haben, den Sprung ins Ungewisse tun und sich ganz Gott überlassen.***
> AURELIUS AUGUSTINUS

Die Hoffnung ist die Tugend des Menschen, der noch auf dem Weg ist, der noch nicht alles hat, was er ersehnt. Der Mensch schwankt hin und her zwischen dem schon Gegenwärtigen und dem »Noch nicht«. In der Hoffnung streckt er sich aus nach dem, was ihn erwartet und was er ersehnt. Die Hoffnung prägt sein Daseinsgefühl. Sie verjüngt den Menschen. Thomas von Aquin meint: »Jung sein ist die Ursache der Hoffnung. Die Jugend nämlich hat viel Zukunft und wenig Vergangenheit.« Aber dann müssten die älteren Menschen weniger hoffen. Das Paradox der göttlichen Tugend Hoffnung ist nun, dass die Hoffnung jeden Menschen verjüngt. Hoffnung ist nicht an das natürliche Jungsein gebunden. Die Spannkraft der Hoffnung lässt auch den älteren Menschen wieder jung erscheinen. Josef Pieper übersetzt Jesaja 40,31 vor dem Hintergrund seines Hoffnungsverständnisses so: »Die auf den Herrn hoffen, werden eine neue Tapferkeit gewinnen. Es werden ihnen Schwingen wachsen gleich den Adlern. Sie werden laufen: unangestrengt. Sie werden wandern: unermüdbar.«

Das griechische Wort für Hoffnung, »elpis«, bezieht sich auf die Erwartung sowohl positiver als auch negativer Ereignisse in der Zukunft. In der Bibel beschreibt »elpis« immer nur die Erwartung einer guten Zukunft.

Der Garant dieser Zukunft ist in der Bibel Gott selbst. Gott wird dem Menschen eine gute und heile Zukunft schaffen. Die Zukunft, die Gott für uns bereithält, ist besser als die Vergangenheit und als die Gegenwart.

Das deutsche Wort »hoffen« ist mit der Wortgruppe »hüpfen« verwandt. Hoffen hat daher für die Germanen ursprünglich »vor Erwartung zappeln, aufgeregt umherhüpfen« bedeutet. Im deutschen Wort »hoffen« steckt also die Erfahrung eines freudigen Wartens auf ein Ereignis oder auf das Kommen eines Menschen, den man herbeisehnt. Hoffen ist von Freude geprägt. Und hoffen hat mit warten zu tun. Es ist ein aktives Tun des Menschen. Er streckt sich aus nach dem, was kommt. Wer hoffnungsvoll lebt, dessen psychische Verfassung ist von Freude und Lebendigkeit geprägt. Hoffnung richtet auf, während Hoffnungslosigkeit niederdrückt. Wer keine Hoffnung mehr hat, verliert die innere Spannkraft. Er verliert sein Jungsein. Dante hat in seiner göttlichen Komödie das berühmte Wort geprägt, als er in den Abgrund der Hölle schaut: »Lass alle Hoffnung fahren!« Ohne Hoffnung zu leben, ist letztlich Hölle. Ohne Hoffnung lässt sich das Leben kaum aushalten.

Wenn eine Frau schwanger wird, sagen wir, sie sei guter Hoffnung. Wir bringen Hoffnung in Verbindung mit dem neuen Leben, das in der Mutter heranwächst. Und wenn ein Kind geboren wird, keimt in jedem Menschen die Hoffnung auf, dass es Licht bringt in diese Welt, dass mit diesem Kind etwas Neues, etwas Besseres beginnt. Christus, der als Kind in der Krippe geboren wird, wird zum Hoffnungsträger schlechthin. Wenn wir an Weihnachten seine Geburt feiern, verbinden wir mit dem Fest die Hoffnung, dass unsere Welt heller und heiler wird.

## *Philosophie der Hoffnung bei Gabriel Marcel*

Der französische Existenzialphilosoph Gabriel Marcel hat vor dem Hintergrund seines christlichen Glaubens eine Philosophie der Hoffnung entworfen. Er unterscheidet das absolute »ich hoffe« und das »ich hoffe, dass«. Das absolute »ich hoffe« zielt letztlich immer darauf, dass wir Menschen, die wir uns gefangen fühlen, auf Licht und Freiheit hoffen, nicht als äußere Objekte, sondern als Hellwerden unserer Existenz und als Freiwerden in unserem Innersten. Marcel setzt die Hoffnung dem Optimismus entgegen. Der Optimist ist der festen Überzeugung, dass die Dinge »sich einrichten« werden. Der Optimist sieht die Dinge mit einer ganz bestimmten Haltung. Der Hoffende dagegen ist in einen Prozess des Werdens verwickelt. Die wahre Hoffnung gilt nicht einem bestimmten Ereignis, das kommen soll, sondern dem Neuwerden der eigenen Existenz und des Lebens insgesamt. Hoffnung kann es nur dort geben, wo auch die Versuchung zur Verzweiflung auftritt.

Wenn der Vater eines Sohnes, der in die Fremde gezogen ist und der ihm schon sehr lange keinen Brief mehr geschrieben hat, immer noch hofft, dass der Briefträger ihm eine Nachricht von seinem Sohn bringen wird, dann kann diese Hoffnung auch enttäuscht werden. Solange wir uns zu genau vorstellen, wie unsere Hoffnung erfüllt werden sollte, sind wir in Gefahr, Hoffnung mit bloßem Wunschdenken zu verwechseln. Gabriel Marcel meint, die Hoffnung übersteige die Einbildungskraft. Wir sollen darauf verzichten, uns genaue Bilder von dem zu machen, was wir erhoffen. Wenn der Kranke hofft, nach einer bestimmten Zeit gesund zu werden, wird er in Verzweiflung geraten, wenn die Gesundung nicht eintritt. Er gesteht sich damit ein, dass er gegen die Verzweiflung kein Mittel hat, wenn seine konkrete Hoffnung enttäuscht wird. Hoffen heißt nicht, sich an etwas Konkretem, etwa an der Heilung dieser Krankheit, festzuklammern.

Hoffen heißt vielmehr, meine Vorstellungen zu übersteigen. Dann wird die Idee der Heilung eine Verwandlung und Reinigung erfahren. Es ist nicht alles verloren, wenn ich nicht gesund werde. In der Hoffnung wächst die Ahnung von einem tiefer gehenden Heil, das auch durch die Krankheit nicht zerstört werden kann. Wer in der Hoffnung die konkreten Vorstellungen übersteigt und damit seiner Hoffnung keine Grenze setzt, der erfährt eine innere Sicherheit und Gelassenheit, »die der grundlegenden Unsicherheit des Habens entgegensteht«. Diese absolute Hoffnung braucht als Grundlage den Glauben. Ohne Glauben gibt es letztlich auch keine Hoffnung, die diese Welt übersteigt.

*Die einzige echte Hoffnung ist die, die auf das abzielt, was nicht von uns abhängt.*
GABRIEL MARCEL

Und für Gabriel Marcel gibt es keine Hoffnung ohne Gemeinschaft und ohne Liebe. »Ich hoffe« ist im Grunde immer ein »ich hoffe auf dich« und letztlich ein »ich hoffe auf dich für uns«. In der Hoffnung bleibe ich nicht bei mir und meiner Einsamkeit stehen, sondern ich öffne mich dem Austausch mit anderen, letztlich dem Austausch mit Gott, dem Grund meines eigenen Seins. Marcel meint, die Haltung des »Habens« verhindere die Hoffnung. Nur der, der sich von den Ketten des Besitzes in jeder Form befreit hat, ist im Stande, »die göttliche Leichtigkeit eines Lebens in der Hoffnung zu erfahren«. Auch für den Philosophen Gabriel Marcel ist die Hoffnung eine göttliche Gabe. Aber die Gabe ist auch ein Ruf. Wir können uns der Hoffnung verweigern. Die Hoffnung kann nur gelingen in einer Zusammenarbeit zwischen »einem guten Willen, der schließlich der einzige uns mögliche positive Beitrag ist, und jenen Initiativen, deren Ursprung unserem Zugriff entzogen ist und da liegt, wo die Werte der Gnaden sind«. So hat Gabriel Marcel die Philosophie der Hoffnung schon geöffnet für eine theologische Reflexion über die Grundtugend des Christen. Und er hat als Philosoph aufgezeigt, dass es Hoffnung nicht ohne Glaube und Liebe geben kann.

### *Der Hymnus auf die Hoffnung bei Péguy*

Schon lange vor Gabriel Marcel hat der französische Dichter Charles Péguy ein wunderbares Buch über die Hoffnung geschrieben. Er hat es »Das Mysterium der Hoffnung« genannt. Er lässt Gott in diesem Gedicht sprechen:

»Was mich erstaunt, spricht Gott,
ist die Hoffnung.
Das wundert mich über die Maßen.
Diese kleine Hoffnung, die nach so gar nichts
aussieht.
Dieses kleine Mädchen Hoffnung.
Die Unsterbliche.«

Für Péguy ist die Hoffnung die schwerste Tugend, »vielleicht die einzige schwere Tugend«. An ihr hat Gott am meisten Wohlgefallen. Der Glaube –

so meint Péguy – kommt von allein. Doch die Hoffnung kommt nicht von selbst. »Man muss eine große Gnade erlangt und empfangen haben.« »Die Hoffnung sieht das, was noch nicht ist und sein wird. Sie liebt das, was noch nicht ist und sein wird.« Péguy stellt die Hoffnung in Gestalt eines kleinen Mädchens dar, weil ein Kind die Hoffnung am besten widerspiegelt, ein Kind, das nach außen hin keine Macht hat, das noch unschuldig, einfach, klar und lauter ist.

Die Gründe, nicht zu hoffen, sind für Péguy stärker als die Gründe, die für die Hoffnung sprechen. Daher stellt er die Hoffnung als kleines hilfloses Kind dar. Und dennoch steckt in dieser Hoffnung eine große Kraft. Das Kind setzt sich durch. Ihre Kraft bezieht die Hoffnung daraus, dass Gott zuerst auf uns gehofft hat. »Gott hat seine Hoffnung, seine arme Hoffnung auf jeden von uns gesetzt, auf den elendsten Sünder. Wird es heißen, dass wir, die elendsten Sünder, nicht unsere Hoffnung auf ihn setzen?« Jesus hat uns durch seine Worte und Taten Mut gemacht zu dieser Hoffnung. Jesus nimmt das kleine Mädchen Hoffnung an der Hand, um es zu stärken, damit wir nicht an uns selbst verzweifeln, an unserem Versagen, an unseren Fluchtversuchen vor uns selbst. Wir müssen uns die Worte Jesu immer wieder in unsere Verzweiflung und Selbstentwertung hineinsprechen, damit die Hoffnung in uns wächst. Die eigentlichen Parabeln der Hoffnung sind für Péguy die drei Gleichnisse Jesu, die Lukas uns im 15. Kapitel erzählt: das Gleichnis vom verlorenen Schaf, von der verlorenen Drachme und vom verlorenen Sohn: »Alle Parabeln sind schön, mein Kind, alle Parabeln sind groß. Und besonders die drei Parabeln der Hoffnung. Und all die Parabeln der Hoffnung sind überdies jung, mein Kind.« Die Hoffnung vertraut darauf, dass es morgen Früh besser gehen werde. Und das, obwohl die Menschen täglich die Widerlegungen ihrer Hoffnung sehen. All das zählt nicht. Sie hoffen dennoch. Das wundert Gott. Darin sieht er ein Wunder seiner Gnade:

»Dass sie glauben: nun schön, heute Morgen
wird es schon gehen.
Es wird sich schon machen.
Dass sie trotzdem glauben, heute Morgen
werde es recht sein.
Das, ja das verschlägt mir die Sprache.
Das übersteigt mich.
Und selbst mich wundert es über die Maßen.
Und meine Gnade muss wirklich überaus groß
sein.«

## *Rechenschaft ablegen über die Hoffnung, die uns erfüllt (1 Petr 3,15)*

Der erste Petrusbrief richtet sich an Christen, die von außen bedrängt werden und leiden müssen. Wir werden heute kaum von Nichtglaubenden verfolgt. Aber die Situation der Bedrängnis von innen oder außen kennen wir alle. Die Botschaft der Hoffnung, die uns Jesus verkündet hat, erklingt heute nicht in einer heilen Welt, sondern in einer Welt, die der des ersten Petrusbriefes gleicht. Aber die Botschaft der Hoffnung empfängt ihre Kraft gerade in der gegenteiligen Erfahrung von Bedrohung und Bedrückung. Die Hoffnung soll uns davor bewahren zu resignieren. Sie entlastet uns von der bedrängenden Nähe uns feindlich gesinnter Menschen oder deprimierender Stimmungen. Wenn die Christen aus der Hoffnung heraus leben, dann werden sich ihre heidnischen Mitbürger wundern. Denn sie verhalten sich so ganz anders als die übrigen Menschen. So werden sie von ihren Mitbürgern gefragt werden, was denn der Grund ihres eigenartigen Verhaltens sei.

Der Autor des 1. Petrusbriefes ermahnt die Christen: »Seid stets bereit, jedem Rede und Antwort zu stehen, der nach der Hoffnung fragt, die euch erfüllt« *(1 Petr 3,15)*.

In diesem Wort wird deutlich, dass die Hoffnung das konkrete Verhalten des Christen verändert. Der Christ lässt sich aufgrund seiner Hoffnung nicht so leicht nach unten ziehen, weder von Menschen, die ihn bedrängen, noch von unglücklichen Ereignissen wie Unfall oder Tod. Aber – so mahnt der Autor – der Christ muss sich immer wieder auch vergewissern, was der Grund seiner Hoffnung ist. Er muss für sich selbst und dann auch vor anderen eine Antwort wissen, warum er sich nicht von den gegenwärtigen Bedrängnissen bestimmen lässt und warum er selbst im Leiden noch glücklich sein kann *(vgl. 1 Petr 3,14)*. Der Grund der Hoffnung ist Christus selbst, der wie wir gelitten hat und der für uns gestorben ist: »Er, der Gerechte, für die Ungerechten, um euch zu Gott hinzuführen« *(1 Petr 3,18)*.

Unsere Situation ist heute anders als die der Adressaten des 1. Petrusbriefes: Nicht das Leiden an einer antichristlichen Umwelt ist unser Hauptproblem, sondern das Leiden an uns selbst, an unserer Resignation, an unserem Selbstmitleid, an unseren Depressionen, aber auch das Leiden an einer Umwelt, die immer bedrängender wird, die immer mehr eingreift in unser persönliches Leben durch Gesetze, Normen, Steuern usw. In uns gibt es die unbewusste Erwartung, dass unser Leben gelingen muss, dass alles glattgeht, dass wir gesund und ohne psychische Probleme durchs Leben kommen. Doch die Realität sieht anders aus. Manche Christen meinen dann, der Glaube hätte keinen Sinn. Er würde uns ja auch nicht weiter helfen. Der erste Petrusbrief verweist uns nicht nur auf die Auferstehung als den eigentlichen Grund unserer Hoffnung, sondern auch auf den Christus, der wie wir gelitten hat. Der leidende Christus gibt uns das Gefühl, dass wir nicht allein gelassen sind mit unserem Leiden. Aber zugleich verheißt er uns auch, dass wir nicht im Leiden stecken bleiben, sondern wie er auferstehen werden.

Unsere Hoffnung, die uns ein anderes Verhältnis zu unserem Leben ermöglicht, ist nicht einfach eine optimistische Lebenshaltung. Wir müssen uns selbst immer wieder Rechenschaft darüber ablegen, warum wir denn Grund zur Hoffnung haben. Der eigentliche Grund ist Jesus Christus. Der erste Petrusbrief will uns nicht zu einem missionarischen Verhalten auffordern.

Das Erste, das er von uns verlangt, ist, aus der Hoffnung heraus das Leiden anzunehmen und so der Verzweiflung zu wehren, sogar im Leid sich noch zu freuen, weil wir Anteil haben an Christi Leiden. Nur wenn wir uns aufgrund unserer Hoffnung anders verhalten als die übrigen Menschen, sollen wir ihnen gegenüber auch den Grund für unsere Hoffnung angeben, wenn wir gefragt werden. Für mich genügt es nicht, mich einfach hinter Formeln zu verstecken, wenn ich nach dem Grund meiner Hoffnung gefragt werde. Ich kann nicht einfach die Antwort wiederholen, die die Bibel gibt. Ich muss erst einmal mir selbst mit meinen eigenen Worten klarmachen, warum ich Hoffnung habe und warum diese Hoffnung die Kraft hat, voll Zuversicht und innerer Freude zu leben, auch wenn die inneren und äußeren Umstände dagegen sprechen. Die Antwort finde ich nie ein für alle Mal. Ich muss sie mir immer wieder neu erarbeiten. Erst dann kann ich auch vor anderen darüber sprechen.

### *Der Anker der Hoffnung (Hebräerbrief)*

Der Hebräerbrief spricht davon, dass wir Christen »unsere Zuflucht dahin genommen haben, die dargebotene Hoffnung zu ergreifen. In ihr haben wir einen sicheren und festen Anker der Seele, der hineinreicht in das Innere hinter dem Vorhang; dorthin ist Jesus für uns als unser Vorläufer hineingegangen« *(Hebr 6,18–20)*. Die Hoffnung ist für den Hebräerbrief ein sicherer Anker der Seele. In der Hoffnung macht sich die Seele fest im Inneren des Allerheiligsten. Der Hebräerbrief versteht die Erlösung durch Christus so, dass Christus als unser Vorläufer hineingeschritten ist in das Allerheiligste, zu dem bei den Juden nur der Hohepriester Zutritt hatte. Dieses Allerheiligste ist nicht mehr der äußere Tempel, sondern der innere Tempel in jedem Menschen. In der Hoffnung sind wir schon eingetreten in diesen Raum des Allerheiligsten in unserer Seele. In uns ist der Raum des Heiligen, in dem allein Gott wohnt und nicht die Mächte dieser Welt. In diesem Raum sind wir dem Terror der Welt entzogen. Im heiligen Raum berühren wir das Heilige in uns. Dort kommen wir in Berührung mit dem heilen Kern in uns, mit dem wahren Selbst, das nicht durch die Sünde infiziert ist. Die Hoffnung ist der Anker, der uns in diesem inneren Raum festmacht.

Und so ermahnt uns der Hebräerbrief immer wieder, an unserer Hoffnung festzuhalten: »Wir wünschen aber, dass jeder von euch im Blick auf den Reichtum unserer Hoffnung bis zum Ende den gleichen Eifer zeigt, damit ihr nicht müde werdet« *(Hebr 6,11 f.)*. Die Hoffnung verwandelt also unser alltägliches Leben. Wenn wir aus der Hoffnung leben, dann sind wir nicht mehr resigniert und müde, so wie es offensichtlich die Empfänger des Hebräerbriefes waren. Der Hebräerbrief will durch seine Theologie der Hoffnung den auf ihrem Weg erschlafften Christen neuen Schwung verleihen. Wenn die Christen am Reichtum ihrer Hoffnung festhalten, dann werden sie in dieser Welt selbst zu einem Sauerteig der Hoffnung werden.

Der Autor des Hebräerbriefes versteht Jesus als den, der uns eine bessere Hoffnung geschenkt hat als das Gesetz. Diese bessere Hoffnung bringt uns Gott nahe *(Hebr 7,19)*. Alles eigene Bemühen, das Gesetz zu erfüllen, führt uns nicht so in die Nähe Gottes wie die Hoffnung, die uns in Christus aufgegangen ist. Und so ermahnt der Autor seine Leser: »Lasst uns an dem unwandelbaren Bekenntnis der Hoffnung festhalten, denn er, der die Verheißung gegeben hat, ist treu. Lasst uns aufeinander achten und uns zur Liebe und zu guten Taten anspornen. Lasst uns nicht unseren Zusammenkünften fernbleiben, wie es einigen zur Gewohnheit geworden ist, sondern ermuntert einander, und das umso mehr, als ihr seht, dass der Tag naht« *(Hebr 10,23–25)*. Diese Mahnung zeigt, dass die Hoffnung das ganze Leben der Christen prägt. Die Hoffnung ist der Grund, dass die Christen einander lieben und gute Taten vollbringen. Denn die Hoffnung lässt die Christen über den gegenwärtigen Tag hinausschauen auf Christus, den Vorläufer und Vollender ihres Glaubens. Und die Hoffnung ist der Grund, dass die Christen zum gemeinsamen Gottesdienst zusam-

*Wie übel wären wir Menschen dran, wenn unsere Hoffnung auf Menschen ruhte.*
ADOLF KOLPING

menkommen. Die Hoffnung zeigt ihnen, dass der Tag des Herrn nahe ist. Die Hoffnung bringt die Christen einmal in Berührung mit dem inneren Tempel in ihrer Seele, zum andern öffnet sie ihren Blick auf das Kommende, auf die Erfüllung, wenn Christus, der Vorläufer ihres Glaubens, erscheinen wird. Die Hoffnung ist der Grund, warum die Christen ihren Weg in dieser Welt mit Ausdauer laufen: »Lasst uns mit Ausdauer in dem Wettkampf laufen, der uns aufgetragen ist, und dabei auf Jesus blicken, den Urheber und Vollender des Glaubens« *(Hebr 12,1f.)*.

### *Hoffnung bewirkt Geduld*

Der eigentliche Theologe der Hoffnung im Neuen Testament ist Paulus. Im 8. Kapitel des Römerbriefes schreibt er über die Hoffnung: »Wir sind gerettet, doch in der Hoffnung. Hoffnung aber, die man schon erfüllt sieht, ist keine Hoffnung. Wie kann man auf etwas hoffen, das man sieht? Hoffen wir aber auf das, was wir nicht sehen, dann harren wir aus in Geduld« *(Röm 8,24f.)*. Jesus Christus hat uns schon erlöst und von der Sünde befreit. Wir haben schon Anteil an der göttlichen Liebe. Aber wir sind noch nicht am Ziel. Wir haben erst teil in der Hoffnung. Wir sehen die Erlösung durch Christus nicht. Wir können daran glauben und wir vermögen, auf sie zu hoffen. Hoffen kann ich nur auf etwas, was ich nicht sehe. Sonst wäre es keine Hoffnung. Das, was Christus in der Tiefe unserer Seele bewirkt hat, ist unsichtbar. Durch seinen Tod am Kreuz hat Christus uns gerecht gemacht. Wir brauchen unseren Wert nicht mehr zu beweisen. Das Kreuz ist die Botschaft: »Du bist bedingungslos von Gott geliebt. Auch deine Schuld ist von Gottes Liebe umfangen.« Doch diese Botschaft kann man nicht beweisen. Sie betrifft etwas Unsichtbares. Die Hoffnung gibt uns jetzt schon Anteil an dieser Realität, dass wir ganz und gar von Gott geliebt sind, dass unsere Schuld vergeben ist. Wenn wir auf das Heil, das Christus für uns schon gewirkt hat, hoffen, dann harren wir in Geduld auf das Heil, das schon da ist, das aber in seiner Fülle erst offenbar werden wird. Hier ist es die Hoffnung, die uns geduldig warten lässt.

Im 5. Kapitel hat Paulus den Zusammenhang von Hoffnung und Geduld anders gesehen: »Wir wissen: Bedrängnis bewirkt Geduld, Geduld aber Bewährung, Bewährung Hoffnung. Die Hoffnung aber lässt nicht zugrunde gehen; denn die Liebe Gottes ist ausgegossen in unsere Herzen durch den Heiligen Geist, der uns gegeben ist« *(Röm 5,3–5)*.

Paulus mahnt uns, vor den Bedrängnissen die–

ser Welt nicht auszuweichen. Die Hoffnung, die er predigt, darf nicht zur Weltflucht führen. Vielmehr befähigt sie uns, die Bedrängnisse in Geduld auszuhalten und uns darin zu bewähren. Hier ist es die Bewährung, die Hoffnung bewirkt. Doch eigentlich ist es ein Kreis, den man von allen Seiten aus betrachten kann und der von allen Seiten zum gleichen Ergebnis führt. Die Hoffnung bewirkt Geduld. Und umgekehrt führt die Geduld im Aushalten der Bedrängnisse zur Hoff-nung. Die Hoffnung aber hat ihren letzten Grund darin, dass der Heilige Geist schon in uns ausgegossen ist. Der Heilige Geist wird hier identifiziert mit der Liebe, die durch den Geist Gottes in unsere Herzen geflossen ist. In der Liebe ist schon die Erfüllung unserer Sehnsucht in unseren Herzen. Diese Liebe ist der Garant, dass unsere Hoffnung nicht ins Leere geht. Die Hoffnung ist für Paulus die Haltung, die uns in dieser Welt ausharren lässt, ohne zu resignieren und ohne uns von den Konflikten dieser Zeit bestimmen zu lassen. Die Hoffnung ist keine Flucht vor den täglichen Auseinandersetzungen. Sie gibt uns vielmehr den Mut, uns den Bedrängnissen dieser Zeit zu stellen und sie zu bestehen. Weil wir unseren Grund in der Hoffnung haben,

***Wir müssen endliche Enttäuschungen annehmen, aber wir dürfen nie die unendliche Hoffnung verlieren.***
MARTIN LUTHER KING

können wir uns ohne Angst auf die Probleme unserer Zeit einlassen.

Hoffnung ist für Paulus aber nicht nur eine Haltung des Menschen, die ihm hilft, seinen Alltag zu bewältigen. Er spricht auch von der Hoffnung, die die ganze Schöpfung durchdringt: »Die Schöpfung ist der Vergänglichkeit unterworfen, nicht aus eigenem Willen, sondern durch den, der sie unterworfen hat; aber zugleich gab er ihr Hoffnung« *(Röm 8,20)*. Die Schöpfung ist also von Hoffnung erfüllt. Sie wird nicht ins Verderben kommen, sondern ihre Herrlichkeit soll offenbar werden, wenn die Christen sich als Söhne und Töchter Gottes erweisen werden. Hoffnung ist also ein Grundzug der ganzen Schöpfung. Sie hindert uns daran, uns in Untergangsfantasien zu ergehen oder pessimistische Szenarien für die Zukunft der Menschheit zu entwerfen.

### *Der Grund unserer Hoffnung: die Auferstehung Jesu*

In der Apostelgeschichte zeigt uns Lukas an verschiedenen Stellen, dass der eigentliche Grund der christlichen Hoffnung die Auferstehung Jesu ist. Lukas versucht, das Geheimnis der Auferstehung Jesu durch den Psalm 16 zu erklären: »Mein

Leib wird in sicherer Hoffnung ruhen; denn du gibst mich nicht der Unterwelt preis, noch lässt du deinen Frommen die Verwesung schauen« *(Apg 2,26;* vgl. *Ps 16,8–10).* Jesus hat die Psalmen immer wieder gebetet und aus der Hoffnung gelebt, die ihm die Psalmen vermittelt haben. Daher – so meint Lukas – konnte er selbst mit der Hoffnung auf die Auferstehung in den Tod gehen. Denn der Psalm 16 verhieß ihm, dass Gott seinen Leib nicht der Verwesung preisgeben würde. Selbst im Tod ruht Jesu Leib in sicherer Hoffnung. Die Hoffnung ist so für Lukas Grund der Auferstehung Jesu. Sie ist aber auch der Grund unseres Glaubens an die Auferstehung. Auch wir dürfen darauf hoffen, dass wir im Tod nicht der Unterwelt preisgegeben werden, sondern in Gott hinein auferstehen werden.

In den Reden, die Lukas dem Paulus in den Mund legt, lässt er den Apostel immer wieder davon sprechen, dass er wegen der Hoffnung auf die Auferstehung vor Gericht steht und dass das seine eigentliche Botschaft ist. Vor dem römischen Statthalter Felix sagt Paulus: »Ich habe dieselbe Hoffnung auf Gott, die auch diese hier haben: dass es eine Auferstehung der Gerechten und Ungerechten geben wird« *(Apg 24,15).* Und vor dem jüdischen König Agrippa bekennt Paulus: »Jetzt stehe ich vor Gericht wegen der Hoffnung auf die Verheißung, die von Gott an unsere Väter ergangen ist« *(Apg 26,6)*. Weil Jesus von den Toten auferweckt wurde, gibt es nun für uns die sichere Hoffnung auf unsere Auferstehung. Sie ist das Charakteristikum des neuen Weges, den Paulus in der Apostelgeschichte verkündet. Die Auferstehungshoffnung zeigt, »dass das Ende der menschlichen Möglichkeiten nicht zugleich das Ende der Möglichkeiten Gottes darstellt«. Unsere Hoffnung geht über diese Welt hinaus. Sie beschränkt sich nicht auf den Frieden, den Christus uns in diesem Leben schenkt, oder auf die Vergebung der Sünden, die wir jetzt schon erfahren. Die Hoffnung hat ein Ziel, das letztlich erst im Tod zur Vollendung kommt.

Für Paulus ist die Hoffnung auf die Auferstehung zentral für den christlichen Glauben: »Wenn wir unsere Hoffnung nur in diesem Leben auf Christus gesetzt haben, sind wir erbärmlicher daran als alle anderen Menschen« *(1 Kor 15,19)*. Christlicher Glaube besagt mehr, als die Hoffnung hier in diesem Leben auf Christus zu setzen, also darauf zu vertrauen, dass er meine Wunden heilt und mich in meiner Niedergeschlagenheit aufrichtet.

Die eigentliche Hoffnung zielt auf den Christus, der uns im Tod auferwecken und in die Herrlichkeit Gottes führen wird. Und nur eine Hoffnung, die dem Tod standhält, trägt uns wirklich. Die Auferstehung Jesu ist Grund unserer Hoffnung, die durch nichts mehr zerbrochen werden kann, weder durch Bedrängnisse noch durch den Tod der Menschen, die wir lieben, noch durch den eigenen Tod.

## *Der Gott der Hoffnung*

Christus ist für Paulus Grund unserer Hoffnung auf die Auferstehung. Paulus sieht aber als letzten Grund unserer Hoffnung Gott selber an. Er kann Gott den Gott unserer Hoffnung nennen *(Röm 15,13)*. Paulus sieht Abraham als Vorbild der Hoffnung: »Gegen alle Hoffnung hat er voll Hoffnung geglaubt, dass er der Vater vieler Völker werde« *(Röm 4,18)*. Abraham hat auf Gott seine Hoffnung gesetzt, den Gott, »der die Toten lebendig macht und das, was nicht ist, ins Dasein ruft« *(Röm 4,17)*. Gott ist als der Schöpfer, der die Welt aus dem Nichts erschaffen hat und alles immer wieder neu macht, der Grund unserer Hoffnung. Gott als Schöpfer schafft auch in uns die Hoffnung und teilt sie uns in Fülle aus. Gott schenkt uns die Hoffnung im Heiligen Geist. Der Heilige Geist ermutigt uns, unsere Hoffnung nicht auf diese Welt und all das Vordergründige zu setzen, sondern auf

Gott, der uns wunderbar geschaffen, aber noch wunderbarer erneuert hat. Die Hoffnung lässt uns über diese Welt hinausschreiten. Wir trauen nicht nur den Möglichkeiten, die diese Welt in sich birgt. Wir trauen Gott mehr zu. Er hat immer neue Möglichkeiten mit uns und mit dieser Welt. Er kann uns aus der Todesnot erretten. Er kann uns aus der Hand der Menschen befreien.

*Hoffnung ist nichts anderes als das Vertrauen auf die Endlosigkeit der göttlichen Liebe.*
CHARLES DE FOUCAULD

Wer dagegen nur auf seine eigenen Fähigkeiten oder gar auf seinen Besitz seine Hoffnung setzt, der wird enttäuscht werden und leer ausgehen. Die Hoffnung auf Gott, der denen, die ihn lieben, Großes bereitet hat, lässt uns in dieser Welt gelassen und froh leben.

Wir brauchen nicht ängstlich an uns selbst und an dem, was wir haben, hängen. Gott hat uns bereitet, »was kein Auge gesehen und kein Ohr gehört hat, was keinem Menschen in den Sinn gekommen ist« *(1 Kor 2,9)*. In den sechziger Jahren des letzten Jahrhunderts hat die Hoffnung zu sehr den menschlichen Möglichkeiten getraut, eine neue und menschlichere Zukunft zu schaffen. Heute ist diese Hoffnung zerbrochen. Gerade deshalb ist es wichtig, die christliche Hoffnung neu ins Bewusstsein treten zu lassen. Die christliche Hoffnung lässt uns die eigenen Möglichkeiten einer neuen Zukunft realistischer sehen. Sie verbietet uns den heute weit verbreiteten Pessimismus. Aber sie bewahrt uns auch vor einer Euphorie, die blind ist für die Hindernisse, die sich uns in den Weg zu einer neuen Zukunft legen. Die christliche Hoffnung arbeitet an dieser Welt mit, aber sie übersteigt zugleich diese Welt, weil sie auf Gott hofft, der jenseits dieser Welt ist. Ganz gleich, ob unsere Anstrengungen für eine neue Zukunft glücken oder nicht, die Hoffnung auf die Auferstehung kann uns niemand rauben. Und sie lässt uns gelassen und zuversichtlich für diese Welt und ihre Verbesserung arbeiten.

### *Die selige Erfüllung unserer Hoffnung (Tit 2,13)*

Der Titusbrief versteht die Erlösung durch Jesus Christus als Erscheinen der Gnade Gottes oder als Erscheinen der Güte und Menschenfreundlichkeit Gottes. In Jesus ist uns Gottes Gnade erschienen. Sie hat die Aufgabe, uns dazu zu erziehen, »uns von der Gottlosigkeit und den irdischen Begierden loszusagen und besonnen, gerecht und fromm in dieser Welt zu leben, während wir auf die selige Erfüllung unserer Hoffnung warten: auf das Erscheinen der Herrlichkeit unseres großen Gottes und Retters Christus Jesus« *(Tit 2,12f.)*. Es ist ein eigenartiges Wort, das da in der Bibel steht. Es berührt mich jedes Mal neu, wenn ich es höre. Doch wie soll ich es verstehen?

Der Titusbrief beschreibt die Erlösung in hellenistischen Begriffen. Da ist einmal der Begriff der Ephiphanie, der Erscheinung. Gottes Gnade ist uns erschienen. Sie ist sichtbar geworden. Und dann ist da der Begriff der Erziehung. Gott erzieht uns durch das Erscheinen seiner Gnade in Jesus Christus zu einem neuen Leben, zu einem Leben, das Jesus Christus entspricht.

Dieses neue Leben wird wieder mit Begriffen beschrieben, die dem Ideal hellenistischer Lebensweise entsprechen, wie sie etwa die philosophische Ethik der damaligen Zeit entwarf. Die Christen sollen sich von der Hoffnung nicht verleiten lassen, diese Welt zu meiden. Vielmehr sollen sie die Verantwortung wahrnehmen, die sie in der Welt haben. Und sie sollen durch ein rechtschaffenes Leben Vorbild sein für ihre Umwelt. Drei Haltungen sollen die Christen auszeichnen: Besonnenheit, Gerechtigkeit und Frömmigkeit. Sie sollen das Bild des wahren Menschen verwirklichen, das in Jesus aufgeleuchtet ist. Aber sie sollen es tun in der Erwartung der seligen Erfüllung unserer Hoffnung. Das Wort »makarios«, selig, glücklich, ist eine Eigenschaft Gottes. Unsere Hoffnung wird erfüllt, wenn Gottes Herrlichkeit bei der zweiten und endgültigen Epiphanie Christi aufleuchten wird. Da werden wir hineingenommen in die Herrlichkeit Gottes. Das wird uns selig und glücklich machen. Aber die Aussicht auf dieses große Glück darf uns nicht dazu verleiten, nur auf die Vollendung zu schauen. Der Blick auf die herrliche und glückliche Zukunft, die uns in Christi Erscheinen erwartet, soll uns vielmehr sensibel machen, in dieser Welt frei von allen irdischen Begierden zu leben und das Bild des gottgemäßen Menschen zu verwirklichen, der besonnen, gerecht und fromm in dieser Welt lebt. Und die Erwartung der Vollendung unserer Hoffnung treibt uns an, uns für diese Welt zu engagieren und mit allen, denen es um das Wohl des Menschen geht, an einer menschlicheren Zukunft mitzuarbeiten.

*Und wenn ich wüsste, dass morgen die Welt in tausend Stücke zerbräche, ich würde heute noch einen Baum pflanzen.*
Martin Luther

## *»Erhebt eure Häupter; denn eure Erlösung ist nahe« (Lk 21,28)*

Matthäus, Markus und Lukas haben uns jeweils eine Rede Jesu von der Endzeit überliefert. Die Theologie spricht hier von apokalyptischer Rede. Das letzte Buch der Bibel, »Offenbarung des Johannes«, wird oft auch das Buch der Apokalypse genannt. Um die Zeit Jesu gab es bei den Juden eine eigene apokalyptische Literatur. Sie schildert das Zusammenbrechen dieser Welt. Alles, was wir in dieser Welt sehen, wird vernichtet werden. Gott wird eine ganz und gar neue Welt schaffen. Jesus übernimmt den Stil dieser Rede. Doch er beschließt bei Lukas die Schilderung der Katastrophe mit dem hoffnungsvollen Satz: »Wenn all das beginnt, dann richtet euch auf und erhebt eure Häupter; denn eure Erlösung ist nahe« *(Lk 21,28)*.

In der Vergangenheit haben sich vor allem Sekten der apokalyptischen Texte angenommen und sie immer so ausgelegt, dass sie genau den Zeitpunkt angeben, wann diese Welt zusammenstürzen wird, wann das Ende der Welt sein wird. Und sie haben den Menschen mit ihren Schilderungen oft Angst gemacht vor dem Weltuntergang.

Die Exegeten sind sich einig, dass wir diese Texte nicht historisch auslegen sollen, etwa als

Voraussage bestimmter Ereignisse. Vielmehr geht es darum, diese Texte eher psychologisch auszulegen als Ausdruck einer ganz bestimmten pessimistischen Grundhaltung. Wenn wir die Bilder der Apokalypse als Beschreibung der menschlichen Seele nehmen, dann bekommen sie eine neue Aktualität. Es gibt Menschen, die sich in dieser Welt nicht zurechtfinden. Sie haben eine katastrophale Grundstimmung. Und diese Grundstimmung projizieren sie nach außen. Sie sind hoffnungslos. Die Sterne ihrer Hoffnung sind vom Horizont ihrer Seele gefallen. Ihre Sonne hat sich verfinstert. Ja selbst der Mond hört auf zu scheinen. »Die Menschen werden vor Angst vergehen in der Erwartung der Dinge, die über die Erde kommen; denn die Kräfte des Himmels werden erschüttert werden« *(Lk 21,26)*. Jesus beschreibt mit diesen Bildern Menschen, die voller Angst sind, dass für sie alles zusammenbrechen wird. Ihre Psyche hat keine Kraft mehr. Sie können sich nicht mehr wehren gegen die innere Dunkelheit und Verzweiflung. Sie fühlen sich ohne Aussicht auf Besserung. Sie sind sich sicher: »Es hat doch alles keinen Zweck. Ich kann nichts machen. Die Katastrophe wird über mich kommen. Über mir wird alles zusammenbrechen. Ich stehe vor den Bruchstücken meines Lebens.« Angst ist die Grundstimmung und Kraftlosigkeit das Grundgefühl. »Die Kräfte des Himmels werden erschüttert.« Das heißt: Der Glaube an den Himmel, der Glaube an ein göttliches Eingreifen hat keine Kraft mehr. Gott hat sich zurückgezogen. Der Himmel gibt den Blick nicht mehr frei. Er ist verhangen. Er hat sich verfinstert.

Die Beschreibungen der apokalyptischen Texte geben die innere Situation von psychotisch erkrankten Menschen wieder, über die alles zusammenstürzt. Doch wir sollten nicht auf andere sehen. Etwas von dieser Sichtweise kennen wir alle. Mitten in dieser hoffnungslosen Situation will uns Jesus Trost und Hoffnung schenken. Das Ende ist der Anfang von etwas Neuem. Der Menschensohn kommt »mit großer Macht und Herrlichkeit« *(Lk 21,27)*. Wenn alles zu Ende kommt, wenn ich mit mir selbst ans Ende meiner Kraft und meiner Möglichkeiten gelange, dann schafft Gott etwas völlig Neues. Dann naht meine Erlösung. Ich soll also nicht mehr geduckt und bedrückt meinen Weg gehen, sondern mich aufrichten und mein Haupt erheben: Denn meine Erlösung, mein Heil ist nahe. Die Fesseln lösen sich, das Unheile, Bedrohliche, Feindliche weicht dem Heil Gottes.

Was Jesus in der apokalyptischen Rede, wie sie uns die drei Synoptiker überliefern, angesprochen hat, das hat Johannes in seiner Offenbarung lang und breit ausgeführt. Das letzte Buch der Bibel ist ein Trost- und Hoffnungsbuch. All das, was uns bekämpft, der Drache, das Tier, der Satan, wird vernichtet. Die Feinde brechen in sich zusammen. Und über allem erscheint ein neuer Himmel und eine neue Erde. Das neue Jerusalem, die heilige Stadt, steigt vom Himmel herab, »wie eine Braut, die sich für ihren Mann geschmückt hat« *(Offb 21,2)*. Die heilige Stadt ist ein Bild dafür, dass das Chaos ein Ende hat. Alles fügt sich neu zusammen. Und das Ziel ist die heilige Hochzeit. Alles, was in uns ist, wird eins werden mit Gott, wird von Gottes Licht und Herrlichkeit erfüllt.

*Hoffnung bedeutet, überzeugt zu sein, dass es niemals zu spät ist.*
LUDEK PACHMANN

Jesu apokalyptische Rede und die Offenbarung des Johannes verkünden die Hoffnung gerade den Menschen, die sie am wenigsten haben, die an sich selbst leiden, die verzweifelt sind, in denen alles dunkel und trostlos ist. So gipfelt die christliche Hoffnung in der Gewissheit: Ganz gleich, wie die äußere oder innere Welt sich entwickelt, selbst wenn alles an ein Ende kommt, selbst wenn alle Sterne vom Himmel fallen und keine Hoffnung mehr in mir zu sein scheint: das ist nicht das Ende. Das Ende wird vielmehr sein, dass Christus selber kommt, das Lamm, das uns zur Hochzeit lädt. Wenn Gott in unserer Mitte wohnt, dann wird er alle Tränen von uns abwischen: »Der Tod wird nicht mehr sein, keine Trauer, keine Klage, keine Mühsal. Denn was früher war, ist vergangen. Er, der auf dem Thron saß, sprach: Seht, ich mache alles neu« *(Offb 21,4f)*. Und der Hoffnungsruf des Christen, der selbst die größte Verlassenheit und Dunkelheit durchdringt, ist das Wort, mit dem die Offenbarung, ja mit dem die ganze Bibel schließt: »Amen. Komm, Herr Jesus!« *(Offb 22,20)*.

# *Liebe*

# Liebe – die höchste Tugend

Die Liebe ist die göttliche Tugend, in der alle anderen Tugenden gipfeln. Über kaum ein anderes Thema wird mehr geschrieben und gesprochen als über die Liebe. Doch jeder versteht unter der Liebe etwas anderes. Liebe ist für viele zu einem verbrauchten Wort geworden. Manche sind allergisch gegen dieses Wort. Sie erinnern sich an die vielen Appelle in ihrer Jugendzeit, sie sollten einander lieben. Andere fühlen sich verletzt durch zu abgehobene Worte über die Liebe. Sie decken sich nicht mit ihren Erfahrungen. Sie haben die Brüchigkeit ihrer Liebe erkannt. Sie haben alle Hoffnung auf die Liebe gesetzt und sind dann bitter enttäuscht worden.

Manchmal sprechen wir über die Liebe Gottes so selbstverständlich. Doch wo und wie können wir diese Liebe Gottes erfahren? Manch einer, der über die Liebe Gottes zu uns mit großem Pathos predigt, strahlt nichts von dieser Liebe aus. Man sieht seinem Gesicht nicht an, dass die Liebe Gottes ihn berührt. Ähnlich ist es mit der Forderung der Nächstenliebe. Das Sprechen über die Nächstenliebe muss nicht unbedingt Liebe vermitteln.

Wenn wir über die Liebe sprechen, möchten

wir sie auch erfahren. So hoffe ich auch, dass in diesem Buch nicht nur über die Liebe geschrieben wird, sondern dass der Leser und die Leserin auch etwas von der Liebe spüren, die ihnen in den Worten entgegenströmt.

## *Sehnsucht nach Liebe*

Seit jeher sehnt sich der Mensch danach, zu lieben und geliebt zu werden. Viele denken beim Wort Liebe sofort an die Liebe zwischen Mann und Frau, an das Verliebtsein, das einen verzaubert und in ein Hochgefühl versetzt. Wenn ich unterwegs im Auto einmal das Radio einschalte, schallen mir fast auf jedem Sender Schlager entgegen, die das Geheimnis der Liebe besingen, die Sehnsucht nach Liebe, die Erfüllung durch die Liebe, aber auch den Schmerz, der entsteht, weil der geliebte Mann oder die geliebte Frau einen anderen gefunden haben, den sie lieben. Dann fühlt sich der Verliebte alleingelassen. Traurigkeit überschwemmt sein Herz. Er sehnt sich nach einer Liebe, die ihn nicht traurig zurücklässt. Manche verabschieden sich auch von der Liebe. Sie haben die Hoffnung verloren, noch einmal so lieben zu können und geliebt zu werden, wie sie es erfahren haben, und trauern um das, was in ihnen nun zerbrochen ist.

Nicht nur die Schlager künden von der Sehnsucht nach Liebe. Die Weltliteratur ist voll von diesem Thema. Und schon zuvor haben die Märchen und Sagen von der Kraft der Liebe geschrieben. Schon die Bibel kündet vom Geheimnis der Liebe. Im Anfang schuf Gott Himmel und Erde. Und zuletzt schuf er den Menschen: »Als Mann und Frau schuf er sie« *(Gen 1,27)*. Im zweiten Schöpfungsbericht formt Gott den Adam aus dem Ackerboden und setzt ihn in den Garten Eden. Dort umgibt er ihn mit schönen Pflanzen und Früchten. Er schafft für ihn die Tiere. Aber Adam sehnt sich nach seinesgleichen. Da formt Gott aus der Rippe des Mannes die Frau. Sie erfüllt die Sehnsucht des Mannes nach Gemeinschaft. Und so ist schon in der Schöpfung die Sehnsucht des Mannes nach der Frau grundgelegt: »Darum verlässt der Mann Vater und Mutter und bindet sich an seine Frau, und sie werden e i n Fleisch« *(Gen 2,24)*. Seit Anbeginn der Schöpfung also ist die Liebe zwischen Mann und Frau das zentrale Thema, um das das Sinnen von Mann und Frau kreist. Die Dichtung, die Musik, die Malerei, sie alle besingen das Geheimnis dieser Liebe.

*Ein Tropfen Liebe ist mehr als ein Ozean Verstand.*
BLAISE PASCAL

Aber die Liebe beginnt früher. Sie beginnt bei der Liebe der Mutter zu ihrem Kind. Schon das

Kind kann nur gesund heranwachsen, wenn es sich bedingungslos geliebt fühlt. Ohne Liebe verkümmert das Kind. Der Mangel an Liebe ist die größte Verletzung, die Eltern dem Kind antun können. Die Liebe ist also der Nährboden, auf dem der Mensch gedeiht. Zunächst lieben die Eltern ihre Kinder. Aber auch das Kind liebt die Mutter und den Vater, je auf seine Weise. Die Eltern spenden Liebe und empfangen Liebe. Das Kind nimmt die Liebe der Eltern und gibt sie zurück. Und manche Erwachsene kreisen immer noch darum, endlich einmal die Liebe der Mutter zu erfahren, nach der sie sich ein Leben lang gesehnt haben.

In der Pubertät bricht dann mit Gewalt die Sehnsucht auf, von einem Mädchen oder Jungen geliebt zu werden. Der junge Mann verliebt sich in ein Mädchen und schwärmt von ihm. All sein Denken und Fühlen kreist nur noch um das Mädchen. Er kennt sich mit sich selbst gar nicht mehr aus. Das Verliebtsein verzaubert ihn. Aber wenn es nicht erwidert wird, bringt sie unendliches Leid über ihn. Manche vergraben sich dann in die Isolation oder in ihren Weltschmerz. Viele junge Männer und Frauen definieren sich durch die Liebe: »Ich werde geliebt, also bin ich.« In vielen Gesprächen mit Jugendlichen habe ich immer wieder erfahren, wie schmerzlich es für viele ist, dass sie zu schüchtern sind, auf ein Mädchen oder einen Jungen zuzugehen, dass sie sich gerade in die verlieben, die schon vergeben sind, oder dass sie sich einfach übersehen fühlen. Die Liebe will nicht gelingen. Das Thema der Liebe bedrängt dann die Menschen bis ins hohe Alter. Wenn die Liebe gelingt, heiraten die Partner. In der Ehe wandelt sich die Liebe. Bei manchen wird sie immer fester, aber zugleich auch nüchterner und tragfähiger. Bei anderen verkommt sie zur Routine und verliert ihre Lebendigkeit.

In der Lebensmitte erfahren dann die Partner oft, dass sie sich in einen anderen Mann oder eine andere Frau verlieben. Sie haben den Eindruck, ihre Liebe sei nie so stark gewesen, wie sie sie jetzt in der neuen Beziehung erleben. Diese Erfahrung des erneuten Verliebtseins zwingt sie, die eigene Liebe neu zu bedenken und sie wieder lebendiger werden zu lassen. Die Sehnsucht nach Lieben und Geliebtwerden wird immer wieder aufbrechen. Auch alte Menschen verlieben sich und erleben sich auf einmal wie junge Männer oder Mädchen.

Die Liebe, die die Theologie als die dritte göttliche Tugend sieht, meint nicht nur die Liebe zwischen Mann und Frau. Die Liebe, von der die Bibel und die theologische Tradition spricht, meint vielmehr die Liebe zum Nächsten und zu Gott und die Liebe zu uns selbst. Diese Liebe ist das Ziel des geistlichen Strebens. Sie ist der Gipfel, auf den

Glaube und Hoffnung hinstreben. An der Liebe entscheidet sich, ob ein Leben gelingt oder nicht, ob einer Gott versteht und erfährt oder nicht.

### *Eros, Philia und Agape*

Während es im Deutschen nur ein Wort für Liebe gibt, kennen die Griechen drei verschiedene Wörter: Eros, Philia und Agape. Offensichtlich haben die Griechen mehr Erfahrung mit der Liebe gehabt. Und sie konnten besser unterscheiden zwischen den Weisen der Liebe.

Eros, das ist die begehrliche Liebe, die Liebe zwischen Mann und Frau, die Liebe, die den Mann drängt, nach der Frau Ausschau zu halten und sie zu erobern. Es ist eine Liebe voller Sehnsucht. Es ist die Liebe, von der die Schlager singen. Das Hohelied im AT besingt diese erotische Liebe als das größte Geschenk, das Gott dem Menschen gegeben hat. Der Dichter dieser wunderbaren Liebeslieder sagt von dieser Liebe: »Wie schön ist deine Liebe, meine Schwester Braut; wie viel süßer ist deine Liebe als Wein« *(Hld 4,10)*. Und am Schluss muss die Braut bekennen: »Stark wie der Tod ist die Liebe ... Auch mächtige Wasser können die Liebe nicht löschen; auch Ströme schwemmen sie nicht weg. Böte einer für die Liebe den ganzen

Reichtum seines Hauses, nur verachten würde man ihn« *(Hld 8,6f.)*. Die Griechen haben den Eros auf zwei verschiedene Weisen verstanden. Da gibt es den Mythos, in dem Eros der erste der Götter ist. Er schlüpft aus dem Weltei und verbindet das Gegensätzliche miteinander. Der Eros hat also eine einende Kraft. Er bringt Mann und Frau zusammen. Andere Mythen schildern den Eros als wilden Knaben, der seine Liebespfeile verschießt. Wen er trifft, sei er alt oder jung, der wird in seinem Herzen verwundet und entflammt in Liebe zu einem Mann oder einer Frau. Er ist dem Eros ausgeliefert. Er kann sich nicht dagegen wehren. Es ist eine Erfahrung, die wir alle kennen. Wenn die Liebe zu einem Mann oder einer Frau in einen fällt, ist man ihr gegenüber machtlos.

Philia ist die Freundesliebe. Es ist die Liebe, die den Freund nicht begehrt, sondern die Freude hat an ihm, so wie er ist. Diese Freundesliebe gipfelt für die Griechen in der Bereitschaft, für seinen Freund sein Leben einzusetzen. Jesus bezieht sich auf dieses griechische Ideal, wenn er von sich sagt: »Es gibt keine größere Liebe, als wenn einer sein Leben für seine Freunde hingibt« *(Joh 15,13)*. Die Griechen singen immer wieder das Lied der Freundschaft. Für Epikur ist die Freundschaft das Größte, was uns die Weisheit zur Glückseligkeit unseres Lebens zu schenken vermag. Die Griechen waren das Volk der Freundschaft. Da heute immer mehr Ehen scheitern, sind viele fasziniert vom Geschenk der Freundschaft.

Agape ist die göttliche Liebe, die reine und lautere Liebe. Sie ist ein grundsätzliches Wohlwollen, nicht nur zum Freund, sondern zu jedem Menschen. Und sie ist die Liebe Gottes zu uns und unsere Liebe zu Gott. Die Agape will nichts vom andern oder von Gott, sondern sie liebt den andern um seiner selbst willen. Die Agape ist nicht vermischt mit Besitzansprüchen und Kontrollierenwollen. Es ist die keusche Liebe, die etwas von der göttlichen Liebe durchscheinen lässt. Die Agape ist der Gipfel der Liebe, nach dem wir uns im Tiefsten sehnen.

Es ist nun nicht so, dass wir vom Eros über die Philia zur Agape aufsteigen und die anderen beiden Weisen der Liebe hinter uns lassen. Vielmehr gehören alle drei Formen der Liebe zusammen. Die Philia hat teil an der Kraft des Eros. Und auch die Agape braucht den Eros, sonst wird sie kraftlos und bedeutungslos. Und die Agape kann in der erotischen Liebe genauso anwesend sein. Es ist dann eine keusche, klare Liebe. Als der Film »Die Brücke« von Bernhard Wicky anlief, da schrieben die Kritiker, dass es Wicky gelungen sei, eine reine Jugendliebe darzustellen. Es war durchaus eine erotische Liebe zwischen dem jungen Mann und dem Mädchen. Aber es war eine so lautere Liebe, die da mitten im Eros aufleuchtete. Da war der Eros von der Agape durchdrungen. Und umgekehrt war bei den Mystikern ihre Liebe zu Gott von der Kraft des Eros befruchtet.

### *Lieben = gut umgehen (liob)*

Jedes Volk hat andere Erfahrungen mit der Liebe gemacht. Die Sprache verrät am besten, welcher Aspekt von Liebe dem jeweiligen Volk wichtig geworden ist. Das deutsche Wort geht auf die althochdeutsche Wurzel »liob« zurück. Liob heißt: gut umgehen, gern haben, lieb haben. In diesem Wort schwingt weniger das Gefühl mit, das das griechische Wort Eros stark prägt. Lieben ist in der deutschen Sprache vor allem ein gutes Umgehen mit dem, was ich als gut erkannt habe, von dem ich glaube, dass es gut ist. Lieben und glauben und loben haben die gleiche Wurzel. Um einen anderen lieben zu können, muss ich erst einmal das Gute in ihm erkennen und sehen. Dann kann ich den andern auch gut behandeln. Liebe ist also mehr als Gefühl. Es bedeutet ein neues Verhalten.

Wenn die Liebe in einer Ehe nur auf Gefühlen aufbaut, vergeht sie rasch. Denn unsere Gefühle sind flüchtig. Wenn wir uns in einen Mann oder eine Frau verlieben, werden wir von starken Gefühlen überschwemmt.

Die Gefühle lassen uns anfangs gar nicht mehr klar denken. Liebe macht blind, sagt das Sprichwort. Doch allmählich lassen die Gefühle nach. Dann braucht es ein Verhalten, das die Liebe zum andern widerspiegelt: die Rücksichtnahme, das achtsame und gute Umgehen mit dem Anderen, mit seinen Stimmungen, mit seinen Zweifeln, seinen Ängsten, seinen Traurigkeiten. Die Liebe wirft dem Anderen nicht vor, dass er so oder so ist. Sie geht mit ihm gut um. Sie glaubt an das Gute in ihm, auch wenn der andere sich momentan nicht gut fühlt, weil er entweder schuldig geworden ist oder weil er von inneren Zwängen oder Ängsten heimgesucht wird. Die Liebe muss sichtbar werden in einem neuen Verhalten. Sonst hat sie nicht die Kraft, Mann und Frau ein Leben lang miteinander zu verbinden.

*Wer einen Menschen liebt, setzt für immer seine Hoffnung auf ihn.*

GABRIEL MARCEL

Das Gleiche gilt von einer Gemeinschaft. Wenn man sich in der Gemeinschaft immer wieder seiner Gefühle vergewissern muss, dass man sich in der Gemeinschaft wohl fühle, dass man die andern liebe, dann steht die Gemeinschaft auf tönernen Füßen. Die Gefühle allein tragen auf Dauer nicht. Natürlich braucht es auch den Austausch über die Gefühle und die Zusage, dass man den andern gern hat. Aber diese Liebe muss sich in meinem konkreten Tun ausdrücken. Ich muss der Gemeinschaft zeigen, dass ich treu zu ihr stehe, dass sie sich auf mich verlassen kann. Meine Liebe zeigt sich, indem ich die Konflikte nicht unter den Teppich kehre, sondern sie behutsam zu lösen versuche, indem ich darauf verzichte, über andere schlecht zu reden. Die Liebe drückt sich also darin aus, dass ich gut von den anderen spreche, dass ich das Gute auch benenne, das ich sehe. Das Sprechen bewirkt etwas. Wenn einer immer nur über andere schimpft und nörgelt, dann vergiftet er die Atmosphäre einer Gemeinschaft. Es braucht das gute Sprechen und das gute Handeln, damit die Liebe die Gemeinschaft wirklich aufbaut.

Von dieser Liebe, die aufbaut, hat Paulus immer wieder gesprochen. Den Römern schreibt Paulus: »Seid einander in brüderlicher Liebe zugetan, übertrefft euch in gegenseitiger Achtung!« *(Röm 12,10)*. Die Korinther, die vor lauter ekstatischen Charismen als Gemeinschaft auseinander zu brechen drohten, ermahnt er: »Alles, was ihr tut, geschehe in Liebe« *(1 Kor 16,14)*. Und im Kolosserbrief sagt er von der Liebe: »Vor allem aber liebt einander, denn die Liebe ist das Band, das alles zusammenhält und vollkommen macht« *(Kol*

*3,14)*. Die Liebe hat also die Kraft in sich, das Auseinanderstrebende einer Gemeinschaft zusammenzuhalten und es in die Einheit zu führen. In diesem Einssein erfährt die Gemeinschaft etwas von der Vollkommenheit Gottes. Da hat sie teil an Gottes Einssein. Paulus meint in all diesen Mahnungen weniger das Gefühl der Liebe, sondern ein konkretes Verhalten, in dem sich die Liebe ausdrückt.

## *Liebe deinen Nächsten*

Wenn wir Christen von der Liebe sprechen, so denken wir in erster Linie an die Nächstenliebe, so wie sie Jesus uns geboten hat: »Deinen Nächsten sollst du lieben wie dich selbst« *(Lk 10,27)*. Neben der Gottesliebe ist die Nächstenliebe das christliche Hauptgebot. Für Jesus erfüllt sich in diesen beiden Geboten das ganze jüdische Gesetz. In meiner Kindheit ist mir das Gebot der Nächstenliebe so stark eingetrichtert worden, dass ich immer ein schlechtes Gewissen bekam, wenn ich an mich und meine Bedürfnisse gedacht habe. Und vor allem hatte ich den Eindruck, ich müsste jeden Menschen lieben. Und da spürte ich, dass das gar nicht geht. Ich kann nicht zu gleicher Zeit für alle Menschen sorgen.

Als ein Gesetzeslehrer Jesus fragte, was er tun sollte, »um das ewige Leben zu gewinnen?« *(Lk 10,25)*, antwortet Jesus mit dem Hinweis auf das Doppelgebot der Gottes- und Nächstenliebe. Die Antwort Jesu war für alle Zuhörer plausibel. Doch »der Gesetzeslehrer wollte seine Frage rechtfertigen und sagte zu Jesus: Und wer ist mein Nächster?« *(Lk 10,29)*.

Das griechische Wort »plesion« meint auch »Freund«. Der Gesetzeslehrer möchte also seine Liebe auf die beschränken, die zu seinen Freunden gehören, zu seinen Volksgenossen. Daraufhin erzählt Jesus das Beispiel vom barmherzigen Samariter, der auf den Mann zugeht, der unter die Räuber gefallen ist und halbtot am Wegrand liegt. Während der Priester und der Levit vorbeigingen, weil ihnen ihre kultische Reinheit wichtiger war als die Nächstenliebe, hatte der Samariter Mitleid, »ging zu ihm hin, goss Öl und Wein auf seine Wunden und verband sie. Dann hob er ihn auf sein Reittier, brachte ihn zu einer Herberge und sorgte für ihn« *(Lk 10,34)*.

*Liebe ist das Einzige, was wächst, wenn wir es verschwenden.*
RICARDA HUCH

Am Schluss seiner Erzählung fragt Jesus den Gesetzeslehrer: »Wer von diesen dreien hat sich als der Nächste dessen erwiesen, der von den Räubern überfallen wurde?« *(Lk 10,36)* Man möchte meinen, er würde uns auf den ausgeraubten und niedergeschlagenen Mann als den Nächsten verweisen. Doch er nennt den Samariter den, der sich als Nächster erwiesen hat. Nächstenliebe heißt für Jesus zuerst, dass wir uns als Nächste erweisen und zwar gerade dem Menschen gegenüber, der ausgeplündert am Rand unserer Wege liegt. Lieben ist für Jesus also, dem andern sich als Nächster, als Freund, zu nähern und als Freund zu handeln. Es geht nicht darum, über den Nächsten zu theoretisieren, sondern dort zuzupacken, wo Gott mich zum Nächsten eines Menschen machen möchte, der in Not geraten ist und der den Freund als Beistand braucht.

Mir hat die Erzählung vom barmherzigen Samariter immer ein schlechtes Gewissen gemacht. Ich verstand es als Muss: Ich muss jeden, der z. B. am Straßenrand winkt, auch mit dem Auto mitnehmen. Ich darf an keinem vorübergehen. Das hat mich oft überfordert. Doch Jesus will uns nicht überfordern. Allerdings möchte er uns auch nicht in Ruhe lassen. Ich kenne in mir die Tendenz des Gesetzeslehrers, mein Verhalten zu begründen, mich zu rechtfertigen, dass ich dem oder jenem nicht helfen kann. Ich möchte gerechtfertigt vor Gott dastehen. Die Nächstenliebe, wie Jesus sie versteht, will mich an dieser Selbstrechtfertigung hindern. Ich habe nie die Garantie, dass ich alles richtig mache. Zugleich will Jesus aber auch kein absolutes Gebot aufstellen: dass wir nie an uns denken dürfen, sondern uns jedem zuwenden müssen, der in Not ist. Das hat Jesus selbst auch nicht getan. Daher hat Lukas die Beispielerzählung vom barmherzigen Samariter ergänzt durch die Geschichte von Maria und Marta, zu denen Jesus als Gast kam. Marta war die Gastgeberin, die für Jesus gesorgt hat. Doch Jesus gibt ihrer Schwester Maria Recht, die einfach dasitzt, um zuzuhören. Das Hören ist manchmal genauso wichtig wie das Tun. Maria wird nicht vom schlechten Gewissen getrieben, dass sie zu wenig für Jesus und seine Jünger tut, die müde von der Wanderung bei ihnen einkehren. Sie tut das, was ihr Herz ihr eingibt. Sie setzt sich Jesus zu Füßen und hört auf seine Lehre. Sie wird seine Schülerin. Sie genießt die Beziehung, die im Reden und Zuhören entsteht. Beide Pole gehören zur Nächstenliebe: das konkrete Tun und das Hören auf die leisen Impulse des eigenen Herzens, in denen Jesus zu mir spricht. Dort werde ich erkennen, wo mein Handeln gefragt ist und wo es einfach nur auf mein Dasein ankommt.

## *Sich selbst lieben*

Obwohl bei allen drei Synoptikern Jesus die Nächstenliebe immer auch mit der Selbstliebe verbindet, haben wir die Selbstliebe lange Zeit vernachlässigt. In meiner Jugend wurde die Selbstliebe immer verdächtigt, reiner Egoismus zu sein. Ich darf nicht an mich selber denken, sondern muss immer fragen, was der andere braucht. Das hat dann oft dazu geführt, dass sich Menschen überfordert haben.

Daher ist es wichtig, dass wir immer auch den Gegenpol ernst nehmen: die Liebe zu uns selbst.

Aber was heißt das, sich selbst zu lieben? Es scheint einfacher zu sein, als es in Wirklichkeit ist. Mich selbst lieben, heißt nicht nur Ja sagen zu mir selbst, nicht nur mich selber annehmen, sondern mit einem wohlwollenden und liebenden Blick auf mich schauen, mich gernhaben, mich wirklich mögen. Das beginnt bei meinem Leib. Ich erlebe viele Christen, die einen spirituellen Weg gehen möchten. Sie sprechen von der Liebe Gottes. Aber wenn sie ehrlich sind, bringen sie es nicht zustande, sich in ihrem Leib zu lieben. Tief in ihnen sind starke Ressentiments ihrem Leib gegenüber. Aber wie

***Denn nur die freie Neigung ist Liebe, nur wer sich selber hat, kann sich selber geben.***
FRANZ VON BAADER

soll so ein Mensch es lernen, sich in seinem Leib zu lieben? Die erste Bedingung ist, dass ich das Schöne an meinem Leib wahrnehme, dass ich ihn schön finde, dass ich mit einem guten Auge auf ihn blicke. Die zweite Bedingung wäre, gut mit meinem Leib umzugehen, ihn zärtlich zu berühren, ihn liebevoll zu spüren. Eine Übung kann sein, sich im Spiegel anzuschauen und das eigene Gesicht jeden Morgen freundlich zu begrüßen. In diesem meinem Gesicht will sich Gottes Herrlichkeit widerspiegeln. Sich in seinem Leib zu lieben ist Ausdruck der Gottesliebe. Denn wie kann ich das, was Gott geschaffen und mir anvertraut hat, ablehnen?

Sich selbst lieben heißt ferner, das wahre Selbst lieben, das einmalige Bild, das Gott sich von mir gemacht hat. Es heißt also nicht, jede meiner Launen zu verabsolutieren und als mein Selbst auszugeben. Ich soll vielmehr in mich hineinspüren, wo sich in der Tiefe meines Herzens mein wahres Selbst meldet. Dieses Selbst darf ich nicht verleugnen und verbiegen. Wenn Jesus von der Selbstverleugnung spricht als der Voraussetzung, ihm nachzufolgen, dann meint er nicht, dass wir das Selbst verneinen sollen, sondern dass wir uns von unserem Ego distanzieren sollen, das sich bei allem, was wir denken und tun, in den Weg stellen möchte. Das Ego kreist nur um sich. Das

Selbst ist in Berührung mit dem Geheimnis des eigenen Lebens und mit dem Geheimnis Gottes und der Menschen. Mit dem Selbst komme ich in Berührung, wenn ich in mir eine innere Stimmigkeit wahrnehme. Und wenn ich diese Stimmigkeit spüre, dann darf ich sie nicht überspringen oder verleugnen. Die Nächstenliebe wird nur dann gelingen, wenn sie aus dieser inneren Stimmigkeit heraus strömt. Wenn ich in meiner Nächstenliebe nur mein schlechtes Gewissen beruhigen möchte, wird sie keine Frucht bringen. Ich werde sogar denen, die ich zu lieben vorgebe, auf die Nerven fallen. Sie spüren, dass es keine echte Liebe ist, die aus dem Herzen strömt, sondern eine erzwungene Liebe, die aus dem schlechten Gewissen kommt.

### *Gott lieben*

Jesus verweist den Gesetzeslehrer, der ihn danach fragt, was er tun müsse, um das ewige Leben zu erlangen, auf das Gesetz. Und daraus zitiert er das erste Gebot: »Du sollst den Herrn, deinen Gott, lieben mit ganzem Herzen und ganzer Seele, mit all deiner Kraft und all deinen Gedanken« *(Lk 10,27)*. Wie können wir Gott lieben, den wir nicht sehen? So fragt schon Johannes in seinem Brief. Kann sich die Gottesliebe nur in der Nächstenliebe ausdrücken? Ist sie nur eine Chiffre für die Nächstenliebe? Doch dann würden wir Jesu Bestätigung nicht ernst nehmen: »Du hast richtig geantwortet. Handle danach, und du wirst leben« *(Lk 10,28)*. In der Theologie hat man die Gottesliebe entweder intellektuell oder ethisch verstanden. Gott lieben heißt dann, Gott zu erkennen und seine Gebote zu halten. Das emotionale Element der Gottesliebe wurde in der Theologie meistens völlig vernachlässigt. Doch damit würden wir den Sinn der Jesusworte, wie sie uns Lukas überliefert, verfehlen.

Wie sollen wir das ganze Herz, die ganze Seele, die Kraft und die Gedanken verstehen? Die Juden dachten beim ganzen Herzen an die Ungeteiltheit des Gehorsams. Bei der Seele (»psyche«) dachten sie an das Martyrium. Lukas versteht mit diesen vier Bereichen den ganzen Menschen. Der Mensch mit all seinen geistigen, emotionalen und seinen begehrlichen Kräften (den Leidenschaften) soll Gott lieben. Das Herz meint den Willen und die Gefühle. Die Seele (»psyche«) bedeutet die bewusste Lebenskraft und geistige Sensibilität. Mit Kraft (»ischys«) beschreibt Lukas die persönliche Lebensenergie. Die heutige Psychologie sieht in der Sexualität und Aggressionskraft die beiden entscheidenden Lebensenergien. Auch mit dieser Energie soll der Mensch Gott lieben. Und dann bleibt das Denken. Auch meine Gedanken sollen sich auf Gott ausrichten. Und in meinem Denken soll ich Gott lieben. Interessant ist, dass Lukas außer beim Herzen immer von »en = in« statt »ek = aus« schreibt. Wir sollen Gott in unserer Seele, in unserer Kraft und in unserem Denken lieben. Das heißt für mich, dass unsere Seele, unsere Lebensenergie und unser Verstand von Liebe durchdrungen sein sollen. Dann meint Jesus hier weniger das willentliche Moment, sondern dass wir die Liebe in allen Bereichen unseres Leibes und unserer Seele wohnen lassen. Die Liebe zu Gott verwandelt unser Herz, unsere Seele, unsere Lebensenergie und unser Denken. Unser ganzes Sein bekommt durch die Liebe einen neuen Geschmack.

Lukas denkt den Menschen immer schon mit Gott zusammen. Jesus ist ja vom Himmel herabgekommen, um uns an unseren göttlichen Kern zu erinnern. In dem göttlichen Kern ist schon Gottes Liebe in uns. Aber diese Liebe soll all unsere Seelenkräfte durchdringen. Und wir sollen alles, was in uns ist, auf Gott ausrichten. Unser Herz wird erst ruhig, wenn es sich für Gott öffnet. Unsere Seele wird erst richtig feinfühlend und sensibel, wenn

*Gott bittet uns, ihn zu lieben, nicht weil er unsere Liebe zu ihm braucht, sondern weil wir unsere Liebe zu ihm brauchen.*
Franz Werfel

sie sich nach Gott ausstreckt. Unsere Lebensenergie wird erst Frucht bringen, wenn sie sich aus der göttlichen Quelle speist. Wer nur aus der eigenen Kraft lebt, der erzeugt um sich herum Härte und Aggressivität. An der Ausstrahlung nach außen merken wir also, ob einer Gott liebt oder nicht. Und auch an unserem Denken kann man ablesen, ob es aus der Liebe zu Gott strömt, oder aber aus Berechnung oder Geltungsdrang. Manche meinen, sie würden ganz sachlich denken, aber sie erkennen gar nicht die unbewussten Voraussetzungen ihres Denkens. So wird ihr Denken Spaltung erzeugen. Auch wenn die Gedanken noch so brillant sind, merkt man ihnen die Eitelkeit an.

Gott zu lieben, ist also mehr, als mit dem Willen zu antworten auf Gottes Liebe, und mehr, als den Nächsten zu lieben. Gott zu lieben, ist ein lebenslanger Prozess, der unsere Anstrengung mit einschließt, der aber vor allem im Sich-Öffnen für Gottes Liebe besteht.

Was kann der Mensch tun, um Gott zu lieben? Für mich sind es zwei Schritte, die ich selber gehen kann: Der erste Schritt ist das Gebet und die Meditation. Ich setze mich in der Stille und im Beten Gott aus. Ich halte alles, was in mir ist, Gott hin, damit er alle Räume meines inneren Hauses immer mehr mit seiner Liebe durchdringt. Der zweite Schritt besteht darin, dass ich meine Seelenkräfte auf Gott hin ausrichte. Ich schaue auf mein Herz und auf seine tiefste Sehnsucht. Ich folge dieser Sehnsucht bis zum Ende. Dann führt sie mich zu Gott. Ich nehme meine geistige Sensibilität wahr und spüre mich in sie hinein. Was wird mir bewusst, wenn ich ganz in der Achtsamkeit bin? Auch meine bewusst wahrgenommene Sensibilität hat als letztes Ziel Gott. Oder ich denke meine Leidenschaften, meine Lebensenergien zu Ende. Meine Sexualität zielt letztlich auf die Ekstase der Liebe in Gott hinein. Und meine Aggressionskraft kommt in dem Gott, der alles neu schafft, zur Vollendung. Und ich lenke meine Gedanken auf Gott hin, nicht um über ihn nachzudenken, sondern um in meinen Gedanken das Höchste zu denken, das es gibt. Mein Namenspatron, der hl. Anselm von Canterbury, hat darin das Wesen der Theologie gesehen: das Denken immer weiter zu treiben, bis es nichts Größeres mehr gibt, das gedacht werden kann. Dann ergibt sich das Denken in Gott hinein. Liebe hat also bei diesem zweiten Schritt etwas zu tun mit: sich ausstrecken, sich sehnen, mit allen Kräften nach Gott verlangen, der das letzte Ziel meines Menschseins ist.

Die Grundtatsache unseres Lebens ist, dass wir bedingungslos von Gott geliebt sind. Das ist die zentrale Botschaft Jesu, der uns immer wieder versichert, dass Gott uns liebt, auch wenn wir Sünder sind, auch wenn wir immer wieder an uns selbst und an Gott vorbeileben. Gottes Liebe drückt sich darin aus, dass er uns sucht, wenn wir uns verloren haben, und dass er uns wie den verlorenen Sohn wieder barmherzig aufnimmt in seine väterliche Liebe, wenn wir unser Vermögen, unsere Lebensenergie, in der Fremde verschleudert haben.

Die bedingungslose Liebe Gottes wird uns in der Taufe zugesagt. Da wird über jeden von uns das Wort gesagt, das uns Markus als Wort des Vaters über seinen Sohn überliefert: »Du bist mein geliebter Sohn, an dir habe ich Gefallen gefunden« *(Mk 1,11)*. Karl Frielingsdorf hat beschrieben, wie viele Menschen als Kind nur bedingte Daseinsberechtigung erfahren haben. Sie wurden geliebt unter der Bedingung, dass sie brav sind, angepasst, pflegeleicht, erfolgreich, gut. Doch wer als Kind sich nur unter Bedingungen angenommen fühlt, der setzt alles darin, diese Bedingungen zu erfüllen. Er entwickelt Strategien des Überlebens. Er strengt sich immer mehr an, nur um endlich angenommen zu werden. Er passt sich immer mehr an, er sagt nie seine eigene Meinung, nur um bei allen beliebt zu sein. Doch Frielingsdorf meint, das sei dann kein Leben, sondern nur ein Überleben. Wirklich zu leben vermögen wir nur, wenn wir uns bedingungslos geliebt fühlen. Und so ist es wichtig, uns immer wieder daran zu erinnern, dass wir von Gott geliebt sind, ganz gleich, wie wir uns verhalten, selbst wenn wir versagen und schuldig werden. Aber es braucht oft lange, bis diese theoretische Einsicht aufgrund der biblischen Aussagen in unser Herz gelangt und unser ganzes Selbstverständnis prägt.

*Gott liebt uns weit mehr, als wir selber uns lieben.*

THERESIA VON AVILA

Jesus hat uns die bedingungslose Liebe Gottes nicht nur verkündet. Er hat sie auch vorgelebt. Ja, in Jesu Verhalten können wir diese Liebe Gottes immer wieder erfahren. Da ist einmal die Art und Weise, wie Jesus auf Menschen zugeht. Der Evangelist Lukas zeigt uns, dass Jesus mit den Sündern isst und trinkt. Wenn ich mit jemand Mahl halte, dann ist das für Juden und Griechen die höchste Form von Annahme und Zuwendung. Es sind vor allem zwei Mahlzeiten, in denen diese bedingungslose Liebe Gottes zu den Sündern sichtbar wird. Das eine Mahl findet beim Pharisäer Simon statt. Als alle zu Tisch liegen, kommt auf einmal ein nicht geladener Gast, eine stadtbekannte Sünderin, und wäscht Jesus die Füße, salbt sie mit kostbarem Öl und bedeckt sie mit zahllosen Küssen. Es ist nicht nur eine zärtliche Liebe, die die Frau Jesus erweist, sondern eine Liebe voller Erotik. Denn die Füße zu küssen war Vorrecht der Gattin oder der Tochter. Jesus lässt diese erotische Liebe an sich geschehen. Während der Pharisäer und seine Gäste dieses Verhalten missbilligen, lobt Jesus ihr Verhalten. Er sieht es als Ausdruck ihrer großen Liebe. Aufgrund dieser Liebe sagt Jesus ihr das Wort der Vergebung zu. Er ermöglicht ihr einen neuen Anfang: »Geh in Frieden!« *(Lk 7,50)*.

Das andere Mahl ist das Mahl mit dem Zöllner Zachäus. Die Zöllner gelten als Sünder. Sie werden von den frommen Juden abgelehnt und aus der Gemeinde ausgeschlossen. Jesus traut diesem Sünder die Umkehr zu. Er nimmt ihn bedingungslos an, ohne ihm Vorhaltungen zu machen. Das verwandelt den Zachäus. Jetzt gibt er auf einmal die Hälfte seines Vermögens den Armen. Jesus lädt sich selbst in das Haus des Zöllners ein. Als sich die Phariäser darüber aufregen, dass er bei einem Sünder einkehrt, sagt er: »Heute ist diesem Haus das Heil geschenkt worden, weil auch dieser Mann ein Sohn Abrahams ist. Denn der Menschensohn ist gekommen, um zu suchen und zu retten, was verloren ist« *(Lk 19, 9f.)*.

Am klarsten offenbart sich die bedingungslose

Liebe Gottes in Jesu Tod am Kreuz. Der Evangelist Johannes hat Jesu Tod am Kreuz als Vollendung der Liebe verstanden. »Da er die Seinen, die in der Welt waren, liebte, erwies er ihnen seine Liebe bis zur Vollendung« *(Joh 13,1)*. Jesus streckt am Kreuz seine Arme aus, um alle, die ihn betrachten, voll Liebe an sich zu ziehen. Wenn ich Jesus am Kreuz meditiere, dann brechen in mir die inneren Widerstände gegen Gottes Liebe zusammen. Ich beginne zu ahnen, dass dieser Jesus am Kreuz auch mich meint, auch für mich gestorben ist, dass er mich in seine geöffneten Arme aufnimmt. Am Kreuz darf ich glauben, dass alles in mir von Gottes Liebe umfasst ist. Das Kreuz ist ja Zeichen aller Gegensätze. Auch in mir ist alles Gegensätzliche von Gott geliebt: das Hohe und Tiefe, das Lichte und Dunkle, das Gute und Böse, das Bewusste und Unbewusste. Johannes beschreibt diese bedingungslose Liebe am Kreuz mit dem Wort »telos = Vollendung«. Telos meint auch: Einweihung in das Geheimnis. Am Kreuz führt mich Jesus ein in das Geheimnis der bedingungslosen und vollendeten Liebe Gottes, die alles in mir umschließt und alles Zerbrochene ganz macht und das Verwundete heilt. Lukas beschreibt diese bedingungslose Liebe Jesu am Kreuz mit den Worten, die Jesus am Kreuz seinen Mördern gegenüber betet: »Vater, vergib ihnen, denn sie wissen nicht, was sie tun« (Lk 23,34). Wenn ich diese Worte Jesu am Kreuz meditiere, kann ich glauben, dass es nichts in mir gibt, was nicht vergeben ist, was nicht von Gott bedingungslos angenommen ist.

## *Liebe sein*

Die Evangelien beschreiben uns in den Worten und im Tun Jesu Gottes bedingungslose Liebe zu uns. Auf Schritt und Tritt begegnen wir in den Evangelien dem Gott, der uns liebt. Der 1. Johannesbrief wagt über diese Beschreibung hinaus eine Definition: »Gott ist Liebe, und wer in der Liebe bleibt, bleibt in Gott« *(1 Joh 4,16)*. Bei Johannes ist die Aussage »Gott ist Liebe« nicht umkehrbar in: »Die Liebe ist Gott«, wie Ludwig Feuerbach es einmal formuliert hat. Johannes setzt klar bei Gott an. Den Artikel setzt er nur bei Gott (ho theos) und nicht bei der Liebe (fälschlicherweise hat die Einheitsübersetzung den Artikel »die« bei der Liebe eingefügt). Gott ist seinem innersten Wesen nach Liebe. Aber das – so meint Johannes – können wir nicht in rein philosophischer Spekulation erkennen, sondern allein an und in Jesus Christus. Zugleich braucht es jedoch, um das Wesen Got-

*Es gibt keine Liebe, außer in Gott.*
ALBERT CAMUS

tes als Liebe zu erkennen, auch die menschlichen Erfahrungen von Liebe. Wer die Liebe zu einem Freund oder einer Freundin, wer das Verliebtsein erfahren hat, der sieht in dieser Definition des Johannes nichts Abstraktes, er versteht vielmehr, wer Gott wirklich ist.

Johannes bleibt nicht bei der Definition Gottes als der Liebe stehen, sondern er führt sie weiter zu der so genannten Immanenzformel: »Wer in der Liebe bleibt, bleibt in Gott, und Gott bleibt in ihm« *(1 Joh 4,16)*. Dreimal verwendet Johannes hier das Wort »menein = bleiben«. Zwei Aspekte sind an diesem Bleiben wichtig: einmal das andauernde Verweilen, zum andern das Bild des Raumes. In der Liebe Gottes kann man ausruhen, wie man nach langer Wanderung in der Geborgenheit seiner Wohnung zur Ruhe kommt. Und in diesem Wort ist ausgedrückt, dass die Liebe Gottes wie ein Raum ist, in dem ich wohnen kann. Das deutsche Wort »wohnen« heißt ursprünglich: »Behagen empfinden, zufrieden sein, bleiben, Gefallen finden«. Gott, der seinem Wesen nach Liebe ist, ist für uns eine Wohnung, in der wir uns zu Hause fühlen, in der wir Gefallen finden und in der wir uns geschützt wissen. Aber nicht nur wir bleiben in Gott, sondern Gott bleibt in uns. Es ist der Beginn der mystischen Liebeslyrik, die Johannes mit diesem einfachen Satz anstößt. Sie findet für mich einen musikalischen Höhepunkt in dem Duett aus der Bachkantate: »Wachet auf, ruft uns die Stimme«. Da singen Seele und Bräutigam einander zu: »Mein Freund ist mein! Und ich bin dein!« Man kommt mit der theologischen Reflexion über dieses gegenseitige Wohnen Gottes in der menschlichen Seele und der Seele in Gott bald an eine Grenze. Die Reflexion bedarf der mystischen Erfahrung. Dann ahnt man, dass Johannes hier eine Aussage über die göttliche und menschliche Liebe macht, die unsere tiefste Sehnsucht erfüllt und die unser Leben in ein neues Licht taucht, in das Licht der göttlichen Liebe, wie sie uns in Jesus Christus offenbar geworden ist.

Ich möchte aber die Definition »Gott ist Liebe« noch auf andere Weise in unsere menschliche Erfahrung hinein übersetzen. Zu Beginn sagte ich: Die tiefste Sehnsucht des Menschen geht dahin, zu lieben und geliebt zu werden. Die Erfüllung dieser Sehnsucht heißt für mich nicht, dass einmal ein Mensch kommen wird, der mich so bedingungslos liebt, dass meine Sehnsucht gestillt wird. Meine Sehnsucht kann letztlich nur von Gott gestillt werden. Doch die johanneische Immanenzformel gibt mir noch eine andere Antwort: Meine Sehnsucht wird nicht dadurch erfüllt, dass ich bedingungslos geliebt werde, sondern dass ich Liebe bin. Das ist für mich das Ziel all meiner

Erfahrungen mit der menschlichen Liebe, sowohl der erfüllenden als auch der enttäuschenden Erfahrungen, dass ich nicht nur liebe und geliebt werde, sondern selber Liebe werde. Das klingt zunächst abstrakt. Aber ich habe es schon einige Male erlebt, wie es ist: einfach Liebe zu sein. In diesem Augenblick denke ich nicht an einen konkreten Menschen, den ich liebe oder der mich liebt. Ich spüre einfach in mir Liebe zu allem, was ist. Die Liebe erfüllt mich. Und in dieser Erfahrung, dass ich einfach Liebe bin, verstehe ich, was es heißt: Gott ist in mir und ich bin in ihm.

Aber meine Erfahrung steht nicht allein. Immer wieder erzählen mir Menschen von ähnlichen Erlebnissen. Eine Frau ging am Strand spazieren. Auf einmal war sie von Liebe erfüllt. Sie dachte nicht an einen Mann. Sie war einfach Liebe. Sie sah sich überall von Liebe umgeben. Und zu allem strömte aus ihrem Herzen ein zärtliches und liebevolles Wohlwollen. Bei manchen alten Menschen sehe ich in ihrem Gesichtsausdruck, dass sie Liebe sind. Bei einem alten Gastpater auf dem Berg Athos spürte ich in seinem Händedruck, dass er damit Liebe nicht nur weitergeben wollte, sondern dass diese Liebe den ganzen Leib dieses spirituellen Menschen durchströmte, dass er selbst Liebe war. So wie Gott in seinem Wesen Liebe ist, so ist es unser Ziel, wie Gott Liebe zu werden. Wir sind nicht wie Gott aus uns selbst Liebe. Wir können nur Liebe werden, wenn wir uns von unseren menschlichen Erfahrungen von Lieben und Geliebtwerden immer mehr hineinführen lassen in das Geheimnis der Liebe, in dem wir Gott selbst erahnen als die eigentliche Quelle aller Liebe. Wenn wir Liebe sind, dann ist Gott in uns und wir sind in Gott.

### *Liebe, die heilt*

In Gesprächen mit vielen Menschen erfahre ich immer wieder, dass das, was sie als Kind am meisten verletzt hat, der Mangel an Liebe war. Sie fühlten sich nicht bedingungslos angenommen. Sie sehnten sich als Kind danach, bei der Mutter geborgen zu sein. Doch wenn die Mutter zu sehr mit sich beschäftigt war und sie diese Geborgenheit nicht vermitteln konnte, dann haben sie sich zurückgezogen. Dann haben sie auch die Liebe in sich unterdrückt. Denn es war für sie zu schmerzlich, diese Sehnsucht nach Liebe wahrzunehmen und sie nicht erfahren zu können. Sie sehnten sich danach, vom Vater gesehen und beachtet, von ihm gelobt und anerkannt zu werden. Doch wenn der Vater nur auf sich und seine Arbeit bedacht war, kamen sie zu kurz in ihrer Sehnsucht nach der väterlichen Liebe. Oft sind sie dann ein Leben lang dieser Liebe nachgelaufen, ohne sie je in ihrer Fülle zu erfahren. Immer wieder wurden sie in ähnlicher Weise verletzt wie damals als Kind.

Wenn nun der Mangel an Liebe unsere tiefste Verletzung ist, so können wir auch erahnen, dass es die Liebe ist, die unsere Wunden heilt. Therapeuten und Seelsorger wissen, dass es nicht die psychologische oder spirituelle Methode ist, die den Menschen Heilung bringt, sondern allein die Liebe. Carl Ransom Rogers beschreibt diese Liebe als uneingeschränkte, wertschätzende Anteilnahme, als Empathie. Der Klient braucht die Erfahrung der bedingungslosen Liebe des Therapeuten, um seinen Mangel an Liebeserfahrung in der Kindheit aufarbeiten zu können. Allerdings darf er sich dabei nicht wieder abhängig machen von der Liebe des Therapeuten. Das geschieht zunächst in der Übertragung. Die Übertragung ist eine wichtige Station auf dem Weg der Heilung. Der Klient erfährt im Therapeuten oder in der Seelsorgerin den Vater oder die Mutter, nach dem oder nach der er sich immer gesehnt hat. Aber dann muss er die Übertragung wieder zurücknehmen und die Liebe, die er vom Therapeuten erfährt, in sich selbst spüren. Erst dann geschieht wirkliche Heilung.

*Die Liebe besiegt alles.*
POLYDORE VERGIL

Es gibt viele Erzählungen, die von der heilenden Kraft der Liebe berichten. Da sind Märchen, in denen die Liebe ein Tier wieder in einen Menschen verwandelt. In der Nähe mancher Menschen werden wir zum Tier, zum stachligen Igel, zum reißenden Wolf oder zum scheuen Reh. Da braucht es die Liebe eines Menschen, die uns wieder in unsere menschliche Gestalt zurückversetzt. Eine chassidische Geschichte erzählt von einem Vater, der mit seinem ungebärdigen Sohn nicht mehr zurechtkommt. Er bringt ihn zum Rabbi, damit er ihm beibringe, wie er sich zu verhalten hat. Der Rabbi nimmt den Sohn in seine Arme und hält ihn einen Tag lang in seinen liebenden Armen. Als der Vater am nächsten Tag kommt, ist der Sohn wie verzaubert. Die Liebe hat ihn geheilt, nicht die Moralpredigt.

Es gibt nicht nur die menschliche Liebe, die unsere Wunden heilt, sondern auch die göttliche Liebe. Nur erfahren wir sie oft nicht so hautnah. Doch manchmal dürfen wir erleben, dass wir uns von Gottes Liebe umgeben oder durchdrungen fühlen. Dann spüren wir zugleich, dass in diesem Augenblick unsere tiefste Wunde geheilt ist. Allerdings kann es sein, dass diese Wunde immer wieder einmal aufbricht und schmerzt. Doch die Erfahrung, dass da einmal tiefer Friede war, als ich die Liebe Gottes gespürt habe, hindert mich daran, immer wieder um meine Verletzungen zu kreisen und andere dafür verantwortlich zu machen. Die Erfahrung der Liebe Gottes bringt mich vielmehr dazu, mich von der Wunde, sobald sie sich wieder schmerzlich bemerkbar macht, an die bedingungslose Liebe Gottes erinnern zu lassen. Dann hindert mich die Wunde nicht mehr am Leben, sondern bringt mich auf neue Weise zum Leben und zur Liebe.

### *Die Liebe glaubt alles und hofft alles*

Ich kann nicht über die Liebe schreiben, ohne das Hohelied der Liebe zu erwähnen, das Paulus im 13. Kapitel des 1. Korintherbriefes anstimmt. In diesem Lied besingt Paulus weder die Liebe zum Nächsten noch die Liebe zwischen Mann und Frau noch die Liebe zu Gott. Er spricht einfach von der Agape, von der Liebe an sich. Die Liebe ist für ihn eine Gabe des Geistes, eine Geisteskraft, die den Menschen verwandelt und seinem Leben einen neuen Geschmack gibt. Die Liebe gilt nicht in erster Linie anderen Menschen oder Gott. Sie ist eine eigene Qualität des Daseins, eine eigenständige Macht, die im Herzen des Menschen wirkt und all sein Reden und Tun prägt. Letztlich ist die Liebe eine göttliche Kraft. Sie braucht der

Mensch, damit sein Leben gelingt. Die Liebe als göttliche Gabe schenkt dem Menschen eine neue Lebensqualität und eine heilsame Selbstwahrnehmung.

Ohne Liebe – so sagt Paulus – ist alles andere wertlos. Wir können noch so spirituell sein, noch so prophetisch reden, ein noch so großer Mystiker sein, wenn wir die Liebe nicht haben, wären wir nichts. Wir könnten sogar unser Leben für Gott aufopfern, ohne Liebe ist auch dieses Opfer nichts wert. Und dann beschreibt Paulus diese Liebe, zu der Gottes Geist uns befähigt: »Die Liebe ist langmütig, die Liebe ist gütig« *(1 Kor 13,4)*. Die Liebe weitet das Herz. Paulus spricht hier von »makrothymos = großer Mut, weites Herz«. Das weite Herz ist offen für alles. Es lässt sich nicht so leicht vom Zorn bestimmen. Ein kleinlicher Mensch, ein enges Herz, ist wie ein kleiner Topf. Wenn man darin Wasser kocht, dann kocht es schnell über. So wird der Mensch mit dem engen Herzen schnell von Zorn und Eifersucht heimgesucht. Oder aber er muss sich aufblähen. Weil er sich klein fühlt, muss er angeben. All diese negativen Eigenschaften – so sagt Paulus – braucht die Liebe nicht. Sie weitet das Herz. Und in einem weiten Herzen hat alles Platz. Da wird niemand verurteilt. Das weite Herz ist auch gütig. Die Liebe schaut auf alles mit einem gütigen Blick und macht dadurch alles gut. Sie lockt das Gute im Menschen hervor.

Und dann entfaltet Paulus, wie die Liebe sich gibt. Er stellt keine moralischen Forderungen auf, sondern zeigt, wie sich ein Mensch verhält, der von der Liebe geprägt ist. Wenn die Liebe in uns die eigentliche Wirklichkeit ist, dann wirkt sie sich aus in einem neuen Verhalten:

»Sie ereifert sich nicht, sie prahlt nicht, sie bläht sich nicht auf. Sie handelt nicht ungehörig, sucht nicht ihren Vorteil, lässt sich nicht zum Zorn reizen, trägt das Böse nicht nach. Sie freut sich nicht über das Unrecht, sondern freut sich an der Wahrheit« *(1 Kor 13,4–6)*. Schöner kann man kaum ausdrücken, wie die Liebe den Menschen verwandelt und durch ihn auf die Umgebung ausstrahlt. Es ist keine Leistung, die der Mensch zu vollbringen hat, sondern Ausdruck einer Erfahrung. Wer Liebe ist, der verhält sich so, wie Paulus es beschreibt.

Paulus schließt sein Lehrgedicht über die Liebe mit dem wunderbaren Satz: »Sie erträgt alles, glaubt alles, hofft alles, hält allem stand« *(1 Kor 13,7)*. Das griechische Wort für »ertragen« kommt von »Dach, Decke«. Die Liebe ist gleichsam ein Schutzdach, das uns davor bewahrt, dass die Stürme und der Regen eindringen in unser inneres Haus. Wenn wir von Liebe erfüllt sind, haben die destruktiven Stimmungen in uns keine Chance. Und wir können zugleich auch für andere ein schützendes Dach bieten, unter dem sie sich geborgen und angenommen fühlen. Das griechische Wort für »standhalten«, »hypomenein« meint eigentlich: drunter bleiben, stützen. Die Liebe ist wie eine Säule, die das ganze Haus unseres Menschseins trägt und die auch unser gemeinsames Haus davor bewahrt, durch Missgunst und Neid einzustürzen. Die Liebe hat also etwas Schützendes und Stützendes an sich.

*Das Maß der Liebe ist die Liebe ohne Maß.*
FRANZ VON SALES

Die Liebe ist zugleich die Vollendung des Glaubens und der Hoffnung. So zeigt Paulus in seinem Lehrgedicht, dass die drei göttlichen Tugenden wirklich eine innere Einheit sind. Glaube und Liebe hängen zusammen. Die Liebe ist einmal getragen von einem grundsätzlichen Vertrauen in den Menschen, in das Leben, in Gott. Die Liebe ist zum andern aber auch die eigentliche Ermöglichung des Glaubens. Sie ist der Grund, aus dem der Glaube strömt. Wer von Liebe erfüllt ist, der muss sich nicht zum Glauben überreden, der glaubt einfach. Er kann gar nicht anders als zu glauben. Ähnlich ist die Beziehung von Liebe und Hoffnung. Die Liebe ist voll von Hoffnung. Sie gibt den Menschen nicht auf, sie hofft für ihn, dass Gott das Gute in ihm hervorbringt. Umgekehrt gilt, dass jede wirkliche Hoffnung letztlich die Liebe braucht als ihren eigentlichen Urgrund. Ohne Liebe wird die Hoffnung leicht zur Vermessenheit oder zum bloßen Optimismus. Die Liebe befähigt uns mitten in unseren Zweifeln und trotz enttäuschender Erfahrungen mit diesem oder jenem Menschen zur Hoffnung, dass Gott auch in ihm das Wunder seiner Liebe zu wirken und ihn so zu wandeln vermag.

Die Liebe, so meint Paulus, wird niemals aufhören. Prophetisches Reden und die Zungenrede werden ein Ende haben. Die Liebe wird nie enden, auch im Tod nicht. Sie ist stärker als der Tod. Sie wird uns auch im ewigen Leben bei Gott erfüllen. Wenn wir in Gottes Herrlichkeit sind, werden Glaube und Hoffnung vergehen. Da wird nur noch die Liebe sein. Wir werden ganz und gar Liebe sein und in der Liebe in Gott für immer wohnen.

# *Literatur*


*Glaube*

Anselm Grün, Glauben als Umdeuten, Münsterschwarzach 1986.

Anselm Grün, Dimensionen des Glaubens, Münsterschwarzach 1987.

*Hoffnung*

Jürgen Moltmann, Theologie der Hoffnung, München 1964.

Ernst Bloch, Das Prinzip Hoffnung, Frankfurt/M. 1959.

Gabriel Marcel, Homo Viator. Philosophie der Hoffnung, Düsseldorf 1949.

Charles Péguy, Das Mysterium der Hoffnung, Wien 1952.

Josef Pieper, Über die Hoffnung, München 1949.

*Liebe*

Anselm Grün, Im Haus der Liebe wohnen, Stuttgart 1999.

Hans-Josef Klauck, Der erste Johannesbrief, EKK XXIII/1, Zürich 1991.

François Bovon, Das Evangelium nach Lukas, EKK III/2, Zürich 1996.